Walter Hauser

Anna Göldi – geliebt, verteufelt, enthauptet

Der letzte Hexenprozess und die Entdämonisierung der Frau

Limmat Verlag
Zürich

Teil 3 —

Die Überwindung der Hexenprozesse und ihre epochalen Folgen

Schluss —

Die ungebrochene Aktualität des Göldi-Falles

Vorwort

Da die zweite Ausgabe meines Anna-Göldi-Buches im Jahr 2020 ausverkauft war, wurde der Wunsch an mich herangetragen, es zu überarbeiten und grünes Licht für einen Neudruck zu geben. Ich machte mich an die Aufgabe, realisierte indes bald, dass ich einen entscheidenden Schritt weiter gehen wollte. Ich gab mir deshalb ein Jahr Zeit, um ein ganz neues Anna-Göldi-Buch zu schreiben. Heute liegt es vor. Es basiert zwar auf der «alten» Ausgabe, unterscheidet sich aber deutlich davon durch neue Inhalte, eine andere Gliederung und eine andere Aufmachung.

Die erste Ausgabe meines Sachbuches stammt aus dem Jahr 2007 und trägt den Titel *Der Justizmord an Anna Göldi*. Diese Ausgabe wurde sechs Jahre später aktualisiert und erweitert durch die Rehabilitierung von Anna Göldi, die 2008 vom Glarner Kantonsparlament beschlossen worden war. Darum erschien das überarbeitete Buch im Jahr 2013 unter dem Titel *Anna Göldi – Hinrichtung und Rehabilitierung*.

Seit der Erstausgabe vor bald 15 Jahren konnte ich neue Erkenntnisse gewinnen. Dazu trugen auch die unzähligen spannenden Begegnungen und Diskussionen im 2017 eröffneten Anna Göldi Museum in Glarus bei. Weil ich den Fall heute mit anderen Augen sehe als im Jahr 2007, habe ich den gesamten Text umgeschrieben, setze andere thematische Schwerpunkte und ziehe daraus neue Schlussfolgerungen.

Im vorliegenden Anna-Göldi-Buch spielt der damals berühmte Churer Priester und Teufelsaustreiber Johann Joseph Gassner eine wichtige Rolle. Für ihn waren unfassbare Krankheitsbilder, wie sie etwa beim angeblich nadelspeienden Kind beschrieben wurden, typische Phänomene von Teufelsbesessenheit. Die von ihm entfachte Satans-Hysterie befeuerte die drei mutmasslich letzten Hexenprozesse: 1775 im süddeutschen Kempten, 1779 im bündnerischen Tinizong und 1782 in Glarus. Zwischen diesen drei Prozessen gibt es deutliche Unterschiede, aber auch interessante Gemeinsamkeiten.

Mehr als nur ein Nebenaspekt: Der Anna-Göldi-Hexenprozess wurde zu einem der allerersten grossen Whistleblowing-Fälle in Europa. Die öffentliche Debatte, welche die Publikation geheimer Prozessdokumente entfachte, hatte eine heilsame Wirkung. Sie ebnete den Weg zu einer vom Dämonenglauben befreiten Strafjustiz und besiegelte das Ende der Hexenverfolgung, die in erster Linie eine Frauenverfolgung war. Was heute fast schon vergessen ist: Während Jahrhunderten wurden Frauen im christlichen Europa als «Maleficae» kriminalisiert und dämonisiert, als Übeltäterinnen und natürliche Verbündete des Teufels.

Der Fall Anna Göldi ist historisch auch dank der Aktenlage von herausragender Bedeutung. Die Dokumente sind einzigartig, weil nie zuvor oder danach behördliche Willkür bei einem Hexenprozess derart minutiös protokolliert wurde und erhalten blieb – Schwarz auf Weiss ein amtliches Zeugnis für die damals herrschende Arroganz der Macht.

Als Jurist und promovierter Prozessrechtler möchte ich die zeitgeschichtlichen und rechtlichen Zusammenhänge des Göldi-Prozesses aufzeigen. Und als Journalist und Buchautor ist es mir ein Anliegen, auch die dramatische Schicksalsgeschichte von Anna Göldi zu vermitteln. Entsprechend habe ich die Erzählstruktur des Buches und eine chronologische Abfolge der Kapitel gewählt.

Im ersten Teil widme ich mich dem Leben von Anna Göldi sowie den Hintergründen der letzten Hexenprozesse und bringe sie in Zusammenhang mit dem von Johann Joseph Gassner neu entfachten Teufelsglauben. Im Mittelteil behandle ich die spannenden Aspekte der Enthüllung geheimer Akten zum Göldi-Fall, namentlich durch Whistleblower Johann Melchior Kubli, bis hin zum Originaltagebuch des damals aktiven Journalisten Heinrich Ludwig Lehmann, das 2020 nach Glarus zurückgekommen ist. Im dritten Teil des Buches beleuchte ich die epochalen Folgen des Göldi-Prozesses, der in einer Zeit des Aufbruchs in die Moderne stattfand. Im abschliessenden Kapitel über die Rehabilitierung von Anna Göldi spanne ich einen Bogen zur heutigen Zeit.

Ich bilde mir nicht ein, das Mysterium um einen der berühmtesten Prozesse der schweizerischen Justizgeschichte restlos aufklären zu können. Das Buch soll im Gegenteil zu weiteren Forschungen anspornen. Der Justizfall Anna Göldi ist eine Geschichte im Wandel. Sie ist nie zu Ende geschrieben, gibt neue Rätsel auf und bringt immer wieder Überraschendes ans Licht. Eine Geschichte, die bewegt, aufrüttelt und polarisiert – bis heute.

Einleitung — Das Schicksal von Anna Göldi

Anna Göldi – 1782 öffentlich hingerichtet und 2008 offiziell rehabilitiert – ist heute eine der bekanntesten Frauen der Schweizer Geschichte. Ihr Name hat grosse Strahlkraft, die Magd wurde weit über die Landesgrenzen hinaus zum Symbol für die Opfer von Willkür und Machtmissbrauch.

Das war nicht immer so: Kaum eine andere Figur der Schweizer Geschichte wurde so übel beschimpft und beleidigt wie Anna Göldi – als verruchte Dirne, Vergifterin, mörderische Person, letzte Hexe, Schlange und Werkzeug des Teufels.

Doch wer war sie wirklich? Wer war die Frau, die Stecknadeln in den Magen von Annamiggeli Tschudi gezaubert und das Kind danach mit «übernatürlicher Kraft» geheilt haben soll – und die 1782 vom evangelischen Rat in Glarus zum Tod verurteilt wurde?

Der im Februar 1782 in der *Zürcher Zeitung* publizierte polizeiliche Steckbrief gibt knapp Auskunft über das Aussehen der Frau aus Sennwald: gross, bleiches Gesicht, schwarze Haare.

Der deutsche Journalist Heinrich Ludwig Lehmann, der damals in Glarus recherchierte, schilderte die 48-Jährige als «verwelkende Schönheit», «wohl gewachsen» und «ziemlich gebildet».

Ihr Lebenslauf bezeugt: Anna Göldi muss eine selbstbewusste und starke Frau gewesen sein. Geliebt und gehasst, immer wieder auf der Flucht und in Angst vor dem Zugriff der Straf- und Sittenbehörden. Ihre letzte Flucht wurde 1781 ausgelöst durch Gerüchte um eine aussereheliche Beziehung mit ihrem Dienstherrn.

Doch obwohl Anna Göldi als «fremde Person» aus der zürcherischen Herrschaft Sax völlig auf sich allein gestellt war, hätte sie um ein Haar das Unmögliche geschafft. Fast die Hälfte der über sechzig Glarner Richter stimmte für ihren Freispruch.

Nach der Enthauptung von Anna Göldi im Juni 1782 überschlugen sich die Ereignisse. Deutsche Journalisten machten den Hexenprozess zum medialen Ereignis und äusserten massive Kritik daran, dass eine Frau wegen zauberischer Handlungen enthauptet worden war.

Bald darauf und für fast hundert Jahre war die Magd aus Sennwald jedoch kein Thema mehr. Das dramatische Schicksal einer einfachen Frau passte nicht ins Bild einer Schweiz, die lieber eidgenössisches Heldentum zelebrierte. Erst in der zweiten Hälfte des 20. Jahrhunderts rückte der letzte Hexenprozess wieder ins öffentliche Blickfeld – Anna Göldi wurde als historische Frauenfigur entdeckt.

Heute wissen wir: Der Anna-Göldi-Prozess besiegelte nicht nur das Ende der neuzeitlichen Hexenverfolgung im christlichen Europa, dank Whistleblower Johann Melchior Kubli wurde er zum Wegbereiter für eine von Hexen und Dämonen befreite Strafjustiz und förderte den Wandel zum schweizerischen Rechtsstaat des 19. Jahrhunderts.

Für Anna Göldi war es ein Martyrium. Beklemmend daran: Was ihr in einem Teufelskreis von Liebe, Verleumdung und Hass widerfuhr, ist rund zweihundertvierzig Jahre nach ihrem Tod noch immer brandaktuell.

Teil 1 — Der Hexenwahn und die Abgründe des Göldi-Dramas

Kapitel 1 – Hass und Gewalt zur Rettung des Christentums

Religiös begründete Gewalt gegen Frauen bringen wir häufig mit dem finsteren Aberglauben im Mittelalter oder mit islamistisch diktierten Ländern in Verbindung. Tatsache ist aber: Die Verfolgung, Folterung und Tötung von «Hexen» war auch während der Neuzeit schreckliche Realität – mitten im christlichen Europa.

Dreihundert Jahre lang tobte der Hexenwahn sowohl in katholischen als auch in protestantischen Gebieten und forderte zehntausende Opfer. Unschuldige Menschen wurden von zumeist weltlichen Gerichten mit dem Segen der Kirche gefoltert und mit dem Feuertod bestraft. Es war eine der grössten von Menschen verursachten Katastrophen im christlichen Abendland.

Zwar hatten Hexenprozesse schon früher stattgefunden, der Beginn der systematischen Verfolgung lässt sich aber auf die Zeit nach 1486 datieren, als der sogenannte *Hexenhammer* publiziert wurde, ein besonders fatales Machwerk. Das Buch mit dem eigentlichen Titel *Malleus maleficarum* war die ideologische Legitimation für den Hexenwahn, es wurde vom Elsässer Dominikanerpater Heinrich Kramer verfasst. Der Mann, der sich Henricus Institoris nannte, wurde um 1430 geboren und starb 1505. Seinem Werk prominent vorangestellt war die Hexenbulle von Papst Innozenz VIII., der Kramer zum Inquisitor für Oberdeutschland ernannt hatte. Zu dieser Region wurde damals auch die heutige Deutschschweiz gezählt.

Bis jetzt ist der *Hexenhammer* eines der frauenfeindlichsten und blutrünstigsten Werke der Weltliteratur. Weil das Buch in lateinischer Sprache verfasst war, konnte es in der ganzen westlichen Welt gelesen werden und fand enorme Verbreitung. Das Werk – eine eigentliche «Bibel der Hexenjäger» – erschien bis zum 17. Jahrhundert in fast dreissig Auflagen und belegt einen Spitzenplatz in der Liste der ewigen Bestseller.

Der Dominikanerpater Heinrich Kramer schuf mit seinem Hexendogma allerdings keine völlig neue Lehre. Er berief sich auf christliche Vorbilder wie Augustinus (354–430) oder Thomas von Aquin (1225–1274) und baute seinen Frauenhass auch auf biblische Geschichten auf – zum Beispiel jene von Eva, die im Paradies Adam zum Sündenfall verführte.

Neu am *Hexenhammer* waren der explizite Aufruf zur Gewalt und die Fokussierung auf das weibliche Geschlecht. Wie schon der Buchtitel wörtlich verdeutlicht, hatte Kramer nicht etwa Männer, «malefici», im Visier, sondern «maleficae», also eindeutig Frauen, die im *Hexenhammer* als Übeltäterinnen, Verführerinnen und Unholdinnen gebrandmarkt wurden. Laut Kramer waren Frauen minderwertige Wesen; sie hätten wenig Verstand und seien deshalb empfänglicher für die Verlockungen des Teufels. Sein Buch erklärte Frauen pauschal zum «Übel der Natur», zur «begehrenswerten Katastrophe» und warf ihnen Defizite im Glauben vor. Die Minderwertigkeit der Frau begründete er mit einer eigenwilligen Ableitung des lateinischen Wortes «femina» aus «fides» (Glaube) und «minus» (weniger).

Nach Kramer waren Hexen keine Fantasieprodukte dunklen Aberglaubens, sondern existierten real. Sie konnten, so seine Theorie, sich in Tiere verwandeln, auf Besen durch die

Lüfte fliegen und vor allem – das war sein Angelpunkt – mithilfe Satans Schaden anrichten. Sie waren schuld an allem Bösen auf der Welt, an Hungersnöten, Naturkatastrophen und Seuchen. Kramer geisselte im Buch angebliche Vorboten einer gigantischen Verschwörung gegen Gott und die christliche Menschheit. Und er lieferte eine praktische Anleitung, wie Hexen unschädlich gemacht und ausgerottet werden sollten.

Höhepunkt des Hexenwahns in Mitteleuropa bildete der Dreissigjährige Krieg (1618–1648), als Religionskriege, Unwetterkatastrophen und Hungersnöte Europa erschütterten. In dieser Schreckenszeit breitete sich der Hexenwahn wie eine Pandemie aus. Die Hexenverfolgung war längst nicht mehr nur eine Sache der Katholiken, auch in reformierten Gegenden gingen die Behörden unerbittlich gegen Magie und Zauberei vor. Die Reformatoren Martin Luther (1483–1546) und Johannes Calvin (1509–1564) waren berüchtigt dafür, dass sie Hexenprozesse einsetzten, um die Menschen zum «rechten Glauben» zu bekehren. Es war eine Eskalation der Gewalt, hervorgerufen von einer Mischung aus Volksaberglauben und religiösem Fanatismus.

Dem neuzeitlichen Hexenwahn in Europa fielen schätzungsweise siebzigtauschend Menschen zum Opfer. Die Zahl wurde in den vergangenen Jahren relativiert und nach unten korrigiert, bringt aber ohnehin das wahre Ausmass der Tragödie nicht zum Ausdruck. Denn die Hexenprozesse rissen eine Vielzahl von Menschen ins Elend, die in keiner Statistik und in keinem Protokoll aufgeführt sind: Freunde und Verwandte der Angeschuldigten, die ebenfalls endlose Verhöre über sich ergehen lassen und Todesängste ausstehen mussten. So gesehen waren weit mehr Menschen als offiziell angegeben betroffen.

Nach dem Denunziationsprinzip konnte jede Person jede andere beschuldigen, im Bund mit dem Teufel zu stehen. Ein einzelner Fall konnte einen Rattenschwanz weiterer Klagen nach sich ziehen. In schwierigen Zeiten wurden schnell Sündenböcke ausfindig gemacht und dem weltlichen Richter ausgeliefert. Dieser hatte das Verfahren von Amtes wegen einzuleiten und mit aller Schärfe durchzugreifen.

Da Hexerei als ein besonders schlimmes Delikt galt, als «crimen magiae», war das Verfahren besonders grausam. Wer leugnete, wurde so lange gefoltert, bis ein Geständnis vorlag. Es ist naheliegend, dass auf diese Weise jedes gewünschte Beweisergebnis zustande kam. Schuldige hatten gegen die Gesetze Gottes verstossen und demzufolge nur eines verdient: den Tod auf dem Scheiterhaufen.

Obschon auch Kinder und Männer Opfer der Hexenverfolgung wurden, waren davon zu etwa achtzig Prozent Frauen betroffen. Deshalb wurde im Zusammenhang mit der europäischen Hexenverfolgung auch schon der Begriff «Frauen-Holocaust» verwendet. Das ist jedoch abwegig und gefährlich: Vergleiche mit dem Völkermord an den Juden bergen die Gefahr, dass Verbrechen gegen die Menschlichkeit gegeneinander ausgespielt und kleingeredet werden.

Zuzustimmen ist hingegen der modernen Genderforschung, die von einem gezielt gegen das weibliche Geschlecht gerichteten Massenmord spricht, von einem Femizid. Das bestätigen auch seriös geschätzte Opferzahlen. Die christlich abendländische Hexenverfolgung war in erster Linie eine Frauenverfolgung.

Zwar war die Hexenverfolgung der Neuzeit umstritten und stiess auch in kirchlichen Kreisen auf Widerstand. Bedeutende Persönlichkeiten meldeten sich kritisch zu Wort, so etwa der protestantische Theologe Anton Praetorius (1560 bis 1613), der Jesuitenpater Friedrich Spee (1591–1635), Verfasser der *Cautio criminalis,* und der Jurist Christian Thomasius (1655–1728). Diese ächteten in ihren Schriften die auf Folter und Geständniszwang beruhenden Gerichtsverfahren, die tausende unschuldige Menschen, vor allem Frauen, in den Tod trieben.

Doch Spee, Praetorius, Thomasius und weitere hatten einen schweren Stand. Sie galten als Abtrünnige vom wahren Christenglauben. Ihre Gegner warfen ihnen vor, das Christentum im Kampf gegen das Böse zu schwächen und die «Partei Satans» zu stärken. Eine breite Phalanx von Anhängern dieser Glaubensrichtung hielt an der Botschaft des *Hexenhammers* fest und erklärte den Kampf, ja den Krieg gegen den Teufel zum Kardinalauftrag der christlichen Menschheit, um diese vor dem Untergang zu retten.

Der *Hexenhammer,* der Kriminalkodex gegen die Frauen, war das berühmteste, aber nur eines von zahlreichen Werken der Neuzeit, die den Hexenwahn anheizten. Grossen Einfluss hatten die Juristen Jean Bodin (1530–1596) und Benedikt Carpzov (1595–1666), die beide als Hexentheoretiker und Teufelsbanner auf sich aufmerksam machten. Der Leipziger Jurist Carpzov verfasste die *Practica nova,* auch «protestantischer Hexenhammer» genannt. Der französische Staatstheoretiker Jean Bodin machte gezielt Stimmung gegen das weibliche Geschlecht und rief in seinem Werk *De la Démonomanie des Sorciers* zum bedingungslosen Kampf gegen Hexen auf. Beide propagierten ein rigides Strafprozessrecht, ausgehend von einem machtvollen Herrschaftsstaat. Da Hexerei und Teufelspakt eine Realität seien, müssten sie als Sonderverbrechen behandelt und mit ausserordentlichen Mitteln bekämpft werden. Konkret hiess das: Der Staat hat das Recht und die Pflicht, Hexen im höheren Interesse, zum Schutz der Allgemeinheit, zu foltern und zu töten.

Keineswegs so ausgleichend und mildernd, wie oft dargestellt, wirkte sich die 1532 erlassene, nach Kaiser Karl V. benannte Constitutio Criminalis Carolina (CCC) aus. Zwar trieb das Gesetzeswerk die Rechtsvereinheitlichung im deutschen Reich voran, das in Hunderte von Territorien mit ebenso vielen Rechtsordnungen aufgesplittert war. Zudem machte die CCC – anders als der *Hexenhammer* – zwischen den Geschlechtern keinen Unterschied und stellte nicht die Hexerei unter Strafe, sondern die «schadensstiftende Zauberei». Unheilvoll wirkte es sich jedoch aus, dass für die Ermittlung der Wahrheit das Inquisitionsverfahren propagiert wurde, was sadistischen Methoden Tür und Tor öffnete. Die Prozessmaximen waren Denunziation, Folter, Geheimjustiz, Geständniszwang – auf Hexenprozesse wie zugeschnitten.

Auch wenn die eidgenössischen Orte Wert auf eigenständige Rechtssetzung legten, beeinflussten die Werke von Heinrich Kramer, Jean Bodin, Benedikt Carpzov die Rechtslandschaft unseres Landes. Der Verfasser des *Hexenhammers* war als päpstlicher Inquisitor von Oberdeutschland vor allem im Raum Bodensee, Konstanz und Basel aktiv und brüstete sich am Ende seines Lebens damit, über zweihundert Hexenprozesse erfolgreich zum Abschluss gebracht zu haben.

Etwa zehn Prozent der europäischen Hexenprozesse fand hierzulande statt, ein beachtlicher Teil. Etwa sechs- bis siebentausend Menschen dürften auf dem Territorium der heutigen Schweiz der Hexenjustiz zum Opfer gefallen sein. Das Wallis, Freiburg, die Waadt sowie die Innerschweiz und das Bündnerland waren Epizentren der Hexenverfolgung.

Die Hysterie fand erst ein Ende, als im Zeitalter der Aufklärung die menschliche Vernunft den Glauben an Hexen und Teufel verdrängte. Um die Mitte des 18. Jahrhunderts gab es in Europa praktisch keine Hexenprozesse mehr. Doch befeuert durch den Churer Priester und Exorzisten Johann Joseph Gassner flackerte in den Siebzigerjahren des 18. Jahrhunderts der Glaube an den Teufel nochmals auf und brachte, dreihundert Jahre nach der Publikation des *Hexenhammers,* die letzte Verfolgungswelle ins Rollen.

Kapitel 2 – Die Glarner Justiz trotzt Hexerei und Zauberei – vorerst

Anders als etwa das benachbarte Bündnerland blieb das Land Glarus vom Hexenwahn während Jahrhunderten verschont. Jedenfalls ist bis zum Prozess gegen Anna Göldi kein Fall bekannt, bei dem glarnerische Richter in einem Hexenprozess ein Todesurteil gefällt oder dieses gar vollzogen hätten. Der Glaube an Hexen und Teufel war zwar auch im Land Glarus verbreitet und löste richterliche Ermittlungen aus, wie mehrere Fälle aus dem 16. Jahrhundert belegen. Aber offensichtlich waren die Strafbehörden wenig geneigt, Prozesse dieser Art bis zur letzten Konsequenz durchzuziehen.

Dafür gibt es mehrere Gründe. Der Landsgemeindeort legte Wert auf eine eigenständige und unabhängige Rechtssetzung. Er anerkannte nur die klassischen, weltlich fassbaren Straftatbestände wie Mord, Totschlag, Diebstahl oder Betrug, Unzucht und so weiter. Magische Delikte wie Hexerei oder Zauberei gehörten nicht dazu und spielten deshalb als Strafgrund in der glarnerischen Gerichtspraxis keine Rolle.

Zudem verfügte das Land Glarus seit dem Spätmittelalter über ein erstaunlich gut entwickeltes Strafprozesssystem. Schon die Landessatzungen von 1387 enthielten zum Beispiel Bestimmungen zum Recht von Angeklagten, sich von einem Verteidiger vertreten zu lassen. Die Bürger achteten darauf, dass ihre Rechte vor Gericht gewahrt wurden, und erliessen schon früh strafprozessuale Regelungen – zum Schutz vor staatlicher Willkür, wie sie gerade bei Hexenprozessen üblich war.

Es gibt eine weitere mögliche Erklärung für die Zurückhaltung gegenüber der Hexenverfolgung: Das Glarnerland war konfessionell in einen reformierten und einen katholischen Landesteil gespalten. Doch im Gegensatz etwa zu Appenzell wurde eine gemeinsame Behördenorganisation aufrechterhalten. Es gab katholische, reformierte aber auch gemeine Landsgemeinden; ebenso katholische, reformierte, und gemeine Gerichte. Deshalb waren beide Landesteile selbst in Zeiten religiösen Hasses gezwungen, gemeinsame Lösungen zu suchen. Dieses Zusammenwirken der beiden Landesteile verhinderte eventuell, dass sich der Hexenwahn sowohl auf katholischer wie auch protestantischer Seite entfalten konnte.

Nicht der glarnerischen Justiz anzulasten ist übrigens der Hexenprozess gegen drei Frauen, die in Uznach 1695 angeklagt und zum Tod auf dem Scheiterhaufen verurteilt wurden. Die Verfahrensherrschaft übten in diesem Fall nicht die Glarner aus, sondern die Schwyzer, wie der Uznacher Historiker Kilian Oberholzer in seinem 2019 veröffentlichten Buch *Uznach in seiner farbigen Vergangenheit* schreibt. Das Städtchen gehörte zum Untertanengebiet von Schwyz und Glarus, die im Turnus abwechselnd den Landvogt stellten. Im Jahr des Hexenprozesses war Schwyz am Zug. Initiator und treibende Kraft war der als Hexenjäger gefürchtete Schwyzer Landvogt Josef Anton Stadler (1661–1708). Er klagte die Frauen an, auf Besen durch die Lüfte geflogen und mittels Zauberei Tiere und Menschen krank gemacht zu haben. Der Stand Glarus wurde zwar als Partnerort einbezogen und nahm im Urteilsverfahren Stellung. Doch der Prozess lief weder vor glarnerischen Gerichten noch nach glarnerischen Verfahrensregeln ab.

Auch das Beispiel von Susanna Ackermann aus Kerenzen, die 1771 als «Hex und Unholdin» angeklagt wurde, kann nicht als Hexenprozess herangezogen werden, der mit dem Fall Göldi vergleichbar wäre. Ein nur wenige Zeilen umfassender Protokolleintrag lässt vermuten, dass es sich um einen Bagatellfall handelte. Offensichtlich wurden die Vorwürfe nicht weiterverfolgt und das Verfahren gegen die unter Vormundschaft stehende Frau schon bald fallen gelassen beziehungsweise eingestellt.

Beständig hatte das Land Glarus dem *Hexenhammer* getrotzt. Es war mithin immun geblieben gegen gewalttätige Exzesse der Teufelsbekämpfung. Doch als am Ende des aufgeklärten 18. Jahrhunderts der Glaube an Hexen und Dämonen, just als er überwunden schien, ringsum nochmals aufflammte, ritt plötzlich auch das Land Glarus auf der Welle mit und wurde Schauplatz des letzten aktenkundigen Hexenprozesses in Europa.

Kapitel 3 — Anna Göldis Leben vor der Verhaftung: eine Frau auf der Flucht

Am 24. Oktober 1734 wurde Anna Göldi in Sennwald als viertes Kind der Eheleute Adrian Göldi und Rosina Büeler geboren. Ein Detail, das juristisch von Belang ist: Der Geburtsort Sennwald, im St. Galler Rheintal gelegen, gehörte damals zum zürcherischen Untertanengebiet Sax-Forsteck.

Anna Göldis Vater war Mesner oder Sigrist in der Dorfkirche und musste acht Kinder versorgen. Die Göldis waren zwar keine Leibeigenen wie andere Bewohner des Untertanengebietes, aber sie lebten in ärmlichen Verhältnissen.

Schon früh musste Anna Göldi selbst für ihren Lebensunterhalt sorgen und als Dienstmagd in verschiedenen Haushalten der Region arbeiten, was damals für junge Frauen ihres Standes üblich war. Glaubt man einem Teil der Geschichtsschreibung, soll Anna Göldi bereits 1759, im Alter von 25 Jahren, ihr erstes Kind geboren haben. Der Vater sei ihr Dienstherr Adrian Bernegger gewesen. Dies würde heissen, dass Anna Göldi insgesamt drei Kinder zur Welt gebracht hätte. Doch die Mutterschaft von Anna Göldi aus der Verbindung mit Adrian Bernegger ist unter Familienforschern bis heue umstritten. Fest steht: 1762, im Alter von 28 Jahren, wechselte sie als Hausangestellte ins Pfarrhaus von Sennwald, bis sie schwanger wurde und 1765 ein Kind gebar.

Gemäss Taufschein war dieses ihr erstes Kind. Dessen Vater war ein gewisser Jakob Rhoduner, der sich noch vor der Geburt des Kindes als Söldner ins Ausland absetzte. Das

Schloss Forstegg-Salez, zwischen 1720 und 1768

Neugeborene starb in der ersten Nacht. Das hatte für die Mutter schwerwiegende Konsequenzen.

Ob das Kind eines natürlichen Todes starb oder von der Mutter getötet wurde – allenfalls in einer Panikreaktion –, konnte nie sicher geklärt werden. Bundesrat Joachim Heer schrieb 1865 im Jahrbuch des Historischen Vereins des Kantons Glarus: «Sie wickelte das Kind in einige Lumpen und verbarg es unter der Decke. Als sie von der Pfarrfrau aufgesucht und im Bette gefunden wurde, bekannte sie Alles; das Kind aber war todt.» Im Schlussverhör des Hexenprozesses, am 6. Juni 1782, sagte Anna Göldi, das Kind sei «ersteckt», also erstickt. Anna Göldi verneinte, dass das Kind gewaltsam ums Leben gekommen sei.

Obwohl früher Kindstod damals verbreitet war, stand für die Leute in Sennwald ausser Zweifel, dass Anna Göldi ihr Kind umgebracht habe. Sie wurde wegen Kindsmordes an die Schandsäule gestellt und zu sechs Jahren Hausarrest verurteilt. Doch Anna Göldi kam vorzeitig frei und ging ins Glarnerland, wo sie im Haushalt eines der geachtetsten Politiker des Landes, Landamman Cosmus Heer, eine Anstellung fand. Heer war ein gemässigter Konservativer, bekannt für seine aufgeschlossene und soziale Gesinnung. Bei ihm in Glarus arbeitete Göldi drei Jahre lang, ehe sie 1768 zur reichsten Familie des Glarnerlandes, zu den Zwickys, nach Mollis wechselte: Im Zwicky-Haus, das heute noch als eines der feudalsten Herrschaftshäuser des Glarnerlandes bewundert werden kann, arbeitete sie sechs Jahre lang als Magd. Anna Göldi sprach im späteren Gerichtsverfahren von der «schönsten Zeit ihres Lebens».

Für Anna Göldi waren die Jahre in Mollis auch eine bewegte Zeit: Mit Doktor Johann Melchior Zwicky (1745–1821), dem Sohn des Dienstherrn, ging sie eine Liebesbeziehung ein und wurde vom elf Jahre jüngeren Arzt schwanger. Doch allein der Standesunterschied zwischen der Magd und dem Spross einer der reichsten und mächtigsten Glarner Familien machte eine Heirat und damit die «Legalisierung» des Kindes unmöglich. Beide hatten sich des ausserehelichen Beischlafs strafbar gemacht und hielten die Schwangerschaft geheim. Als alleinstehende und schwangere Frau war Anna Göldi gezwungen, die Stelle bei den Zwickys aufzugeben und Mollis zu verlassen.

Ziel ihrer Flucht war Strassburg, wo sie im Jahr 1775 nach ihren eigenen Angaben einen gesunden Knaben zur Welt brachte und taufen liess. Die Stadt im Elsass war grosszügig im Umgang mit der Taufe, auch uneheliche Kinder konnten den Segen der Kirche erhalten. Melchior Zwicky, der Vater des Kindes, kannte sich zudem in Strassburg aus. Er hatte dort Medizin studiert. Über das Schicksal des Kindes ist nichts bekannt. Nachforschungen vor Ort verliefen ergebnislos. In den Taufregistern ist um die Zeit 1774/75 kein Neugeborenes verzeichnet, das den Namen Göldi oder Zwicky trägt.

Über die Jahre nach Anna Göldis Niederkunft ist wenig bekannt. Da sie und Melchior Zwicky weiterhin befreundet waren, kehrte sie möglicherweise vorübergehend nach Mollis zurück, ehe sie im September 1780 eine neue Stelle als Magd antrat, beim Ratsherrn und Richter Doktor Johann Jakob Tschudi in Glarus.

Tschudi war verheiratet mit Elsbeth, geborene Elmer, aus dem glarnerischen Ennenda, einer Frau aus gutem Haus. Obwohl sie bei Anna Göldis Dienstantritt erst 27 Jahre alt war, hatte sie bereits zehn Kinder zur Welt gebracht. Nur fünf davon wurden gesund geboren, was für die damalige Zeit je-

Das Zwicky-Haus in Mollis

doch nichts Aussergewöhnliches war. Im Arzthaus in Glarus wohnten im Herbst 1780 nebst der Familie von Doktor Tschudi dessen Bruder Peter sowie mehrere Angestellte, darunter Anna Göldi.

Als die Sennwalderin die Stelle bei der Familie Tschudi antrat, war sie 46 Jahre alt. Sie war wohl eine stolze, attraktive und intelligente Frau, die auf ihren 13 Jahre jüngeren Dienstherrn anziehend wirkte. Nach der Schilderung von Heinrich Ludwig Lehmann (1754–1828) war sie eine «verwelkende Schönheit», «wohl gewachsen» und «ziemlich gebildet».

Ein Jahr lang arbeitete Anna Göldi im Haushalt des Doktors, als plötzlich eine dramatische Wende eintrat und sich ein heftiger Streit entlud. Am 25. Oktober 1781 führte er zu Göldis sofortiger Entlassung.

Anna Göldi gelangte tags darauf an Landammann Johann Heinrich Tschudi und Pfarrer Johann Jakob Tschudi und beklagte sich über ihren Dienstherrn Doktor Tschudi. Anna Göldi muss offensiv aufgetreten sein: Sie verlangte von ihrem Vorgesetzten «Reparation», also Schadenersatz für das an ihr begangene Unrecht und für die ihrer Meinung nach ungerechtfertigte Entlassung. Die Beschwerde von Anna Göldi löste bei den beiden anderen Herren Tschudi heftige Reaktionen aus: Der Pfarrer wies «dieses freche Luder» ab und forderte Anna Göldi dazu auf, sich bei Doktor Tschudi zu entschuldigen; und der Landammann befahl ihr, das Land unverzüglich zu verlassen.

Am nächsten Tag kehrte Anna Göldi ins Haus der Familie Tschudi zurück, um ihre wenigen Habseligkeiten abzuholen. Doktor Tschudi gab ihr die Kleider sowie ihre geringen Ersparnisse im Betrag von 16 Dublonen zurück. Das Geld vertraute sie Schlossermeister Rudolf Steinmüller und dessen

Ehefrau Dorothea an. Mit den Eheleuten Steinmüller, die im Abläschquartier wohnten, war sie befreundet. Sie waren ihre Vertrauensleute. Bei ihnen hatte sie schon früher Rat geholt und Unterschlupf gefunden. Rudolf Steinmüller war vermögend und ein Verwandter von Johann Jakob Tschudi, dem Dienstherrn von Anna Göldi.

Der wirkliche Auslöser des Eklats Ende Oktober 1781 sowie der sofortigen Auflösung des Arbeitsverhältnisses von Anna Göldi liegt im Dunkeln. Von da an kursierten in Glarus Gerüchte, Anna Göldi sei von Doktor Tschudi schwanger geworden. Damit hätten sich beide wegen «verbotenen fleischlichen Umgangs» strafbar gemacht. Die Behörden setzten Ermittlungen in Gang und befragten erste Zeugen. Erst im weiteren Verlauf des Verfahrens berichteten die Eheleute Tschudi, Grund für das Zerwürfnis sei eine ganz andere Geschichte gewesen: Anna Göldi habe der zweitältesten Tochter Anna Maria Tschudi, genannt «Annamiggeli», Schaden zufügen wollen. Sie habe «Gufen», also Stecknadeln, in die Milchtasse der Achtjährigen gelegt.

Nachdem die Entlassung Anna Göldis aus dem Haus von Doktor Tschudi für einiges Aufsehen gesorgt hatte, verliess die in Ungnade gefallene Magd am 29. Oktober 1781 das Land Glarus und tauchte bei Bekannten in ihrer Heimat Sax im St. Galler Rheintal unter. Dort wähnte sie sich in Sicherheit und hoffte darauf, dass das leidige Kapitel bald abgeschlossen und vergessen sei. Auch die Familie Tschudi hoffte zunächst, die üblen Gerüchte und Anschuldigungen nähmen ein Ende, sobald Anna Göldi ausser Landes sei.

Doch Anna Göldi blieb nach ihrer Abreise aus dem Glarnerland das Tagesgespräch in der Bevölkerung. Das Gerücht, wonach Doktor Tschudi mit Anna Göldi eine aussereheliche

Beziehung unterhalten und mit der Magd ein Kind gezeugt habe, hielt sich hartnäckig. Catharina Göldi aus dem Städtchen Werdenberg, mit Anna Göldi verwandt und von Beruf Hebamme, machte gegenüber den Glarner Behörden Aussagen, welche die Familie Tschudi in Aufregung versetzt haben müssen. Die Hebamme, vor deren Augen sich Anna Göldi einmal umgezogen habe, sagte, sie habe «sehr grosse Brüst und einen dicken Bauch» gehabt, woraus sie den Schluss gezogen habe, «die Anna seye schwanger». Jahre zuvor, als Anna Göldi schon einmal schwanger gewesen sei, habe sie auch so ausgesehen, gab Catharina Göldi zu Protokoll.

Zudem wurden Hinweise gemacht, dass sich Anna Göldi als werdende Mutter nach Strassburg abgesetzt habe, wie Jahre zuvor, als sie von Doktor Zwicky schwanger war. Hirschen-Wirt Klein in Weesen nährte dieses Gerücht durch seine Aussage zusätzlich. Laut Klein hatte ein Mann aus Mollis im Hirschen erzählt, er wisse, wo sich Anna Göldi aufhalte. Sie sei mit dem Boten Giezendanner übers Toggenburg nach Schmerikon gefahren. Dieser habe sie dort dem Berufskollegen von Rapperswil übergeben, der darauf eine Kutsche für die Weiterfahrt über Zürich nach Strassburg bereit gemacht habe. Zwar sollte sich diese Aussage als Falschmeldung herausstellen. Dennoch muss die Nachricht zu der Zeit, als Anna Göldi untergetaucht war, die Tschudis in Glarus aufgeschreckt haben. Sie hatten zu befürchten, dass Anna Göldi von auswärtigen Behörden aufgegriffen würde und vor ihnen ihre Sicht der Dinge ausbreiten könnte. Das wollten die Tschudis verhindern. Sie erkannten jetzt, diese Mutmassung drängt sich ernsthaft auf, dass es ein Fehler war, Anna Göldi aus dem Land Glarus reisen zu lassen.

Wenn Doktor Tschudi sein Gesicht wahren wollte, musste er handeln. Unmittelbar nach der Entlassung von Anna Göldi hatte er versucht, das Problem totzuschweigen und zur Tagesordnung überzugehen. Nun setzte er alles daran, die Magd zurückzuschaffen und zur Rechenschaft zu ziehen. Dazu brauchte er die Unterstützung der Behörden, denen er selbst angehörte. Doktor Tschudi begab sich mit Verwandten und Freunden vor das Rathaus und verlangte vom Rat mit Nachdruck, dass er den Fall entschlossen an die Hand nehme. Die Drohung wirkte: Am 26. November 1781 fasste die Obrigkeit den Beschluss, «diese verruchte Dirne» ausfindig zu machen und verhaften zu lassen. Ein Läufer wurde mit einem Steckbrief nach Werdenberg losgeschickt, um Anna Göldi gefangen zu nehmen und ins Rathaus nach Glarus zu bringen.

Als Doktor Melchior Zwicky aus Mollis, der Vater des zweiten Kindes von Anna Göldi, erfuhr, welcher Gefahr seine frühere Geliebte ausgesetzt war, schickte er sofort den eigenen Läufer, Jost Spälti aus Netstal, nach Werdenberg. Er sollte Anna Göldi warnen und ihr zur Flucht raten. Damit handelte Zwicky nicht ganz uneigennützig: Er musste befürchten, dass seine bis dahin geheim gehaltene uneheliche Vaterschaft auffliegen könnte.

Zwickys Läufer führte seinen Auftrag schneller aus als der amtliche, der unverrichteter Dinge ins Glarnerland zurückkehrte. Dort überbrachte dieser der Obrigkeit immerhin eine brisante Nachricht: Er habe in Werdenberg Jost Spälti getroffen, der im Auftrag von Doktor Zwicky unterwegs gewesen sei. Die Obrigkeit liess den Molliser Arzt unverzüglich vorladen und wollte von ihm den Grund für seine Warnaktion erfahren. Zwicky sagte im Verhör, er habe Anna Göldi auf die behördliche Fahndung hinweisen wollen, weil seine

Mutter in Sorge um das Schicksal der Magd gewesen sei. Von einem unehelichen Kind erwähnte er noch nichts.

Auch Schlosser Steinmüller wollte Anna Göldi warnen und sandte am 26. November 1781, also am Tag des obrigkeitlichen Beschlusses, ein Schreiben an sie samt dem ersparten Geld, das die Magd bei ihm in Glarus zur Verwahrung zurückgelassen hatte. Steinmüller ahnte die Gefahr und wollte das Geld schleunigst loswerden. In seinem Brief schrieb er: «Hier übersende Euch durch den Bott [Boten] die mir übergebenen 16 Toplonen.» Zudem teilte er ihr mit, dass Doktor Tschudi eine Fahndung gegen sie eingeleitet habe. «Ich warnen Euch als ein Ehrenmann, nehmt Euch wohl in Acht, dass Ihr nicht in Unglück komen; betet Gott um Verzeihung Eurer Sünden; thaut Bauss [Busse] in der Zeit, so wird Euch Gott der Allerhöchste erhören in der Noth.»

Die Behörden durchkreuzten seinen Plan und beschlagnahmten das Briefpaket, noch bevor es seine Adressatin erreichte. Im späteren Prozess wurden die beiden Warnaktionen ihren Urhebern angelastet. Sie wurden als Beweise dafür ausgelegt, dass Doktor Zwicky und Rudolf Steinmüller mit Anna Göldi unter einer Decke steckten.

Als Anna Göldi die Gefahr erkannte, ergriff sie erneut die Flucht und setzte sich unter dem falschen Namen Marie Sonderegger Richtung Bodensee ab. Ihr Fluchtweg führte von Rorschach über St. Gallen und das Appenzellerland ins Toggenburg nach Degersheim, wo sie im Wirtshaus Schäfli eine Stelle als Magd annahm. Dort verbrachte sie die letzten Wochen ihres Lebens in Freiheit.

Am 9. Februar 1782 erschien in der *Zürcher Zeitung* ein Steckbrief von Anna Göldi, unterzeichnet von der Regierungskanzlei des Landes Glarus. Sein Inhalt:

«Löblicher Stand Glarus, evangelischer Religion, anerbietet sich hiermit demjenigen, welche nachbeschrieben Anna Göldin entdecken, und der Justiz einbringen wird, Einhundert Cronenthaler Belohnung zu bezahlen; womit auch alle hohe und höhere Obrigkeiten und Dero nachgesetzte Amtsleuth ersucht werden, zu Gefangennehmung dieser Person all mögliche Hülfe zu leisten; zumahlen solche in hier eine ungeheure That, vermittelst geheimer und fast unbegreiflicher Beibringung einer Menge Gufen und anderen Gezeug gegen ein unschuldiges acht Jahre altes Kind verübet hat.

Anna Göldin, aus der Gemeind Sennwald, der Landvogthey hohen Sax und Forstek zugehörig, Zürchergebiets, ohngefähr 40 Jahr alt, dicker und grosser Gestalt, vollkommnen und rothschlechten (rötlichen) Angesichts, schwarzer Haaren und Augbrauen, hat graue etwas ungesunde Augen, welche meistens rothlecht aussehen, ihr Anschauen ist niedergeschlagen, und redet ihre Sennwälder Aussprach (Dialekt), trägt eine modenfarbne Jüppen, eine blaue und eine gestrichelte Schos, darunter eine blaue Schlingen- oder Schnäbeli-Gestalt, ein Damastenen grauen Tschopen [damasten: aus Baumwolle]), weis castorin Strümpf, ein schwarze Kappen, darunter ein weisses Häubli, und trägt ein schwarze Seidenbettlj [Handtasche].»

Anna Göldi blieb keine Zeit mehr. Nur wenige Tage nach der Veröffentlichung des Steckbriefes wurde sie verhaftet. Der Dorfschulmeister von Degersheim erkannte die Frau, nach der die Polizei fahndete. Als er ihr beim Schreiben eines Briefes half, den Anna Göldi an ihre Verwandten in Werdenberg schicken wollte, erinnerte er sich an den Namen aus der Zeitung und gab den glarnerischen Behörden den entscheidenden Tipp. Dafür kassierte der Mann ein «Blutgeld» in der

Höhe von hundert Kronentalern. Anna Göldi wurde festgenommen, nach Glarus transportiert und am 21. Februar 1782 in eine Gefängniszelle des Rathauses gesteckt.

Ob Anna Göldi zu diesem Zeitpunkt schwanger war oder kurz zuvor ein Kind geboren hatte, lässt sich in Anbetracht der Akten nicht belegen. Theoretisch hätte sie in Degersheim oder auch noch später während ihrer Gefangenschaft in Glarus ein Kind zur Welt bringen können. Doch fehlen entsprechende Anhaltspunkte. Im Verhör vom 21. März 1782 verneinte sie, in Erwartung eines Kindes zu sein. Scharfrichtern war es untersagt, Schwangere anzufassen. Es kann also davon ausgegangen werden, dass Anna Göldi zu Beginn der Folter nicht schwanger war.

Im Verhör hatte die Angeklagte auch über ihr Privatleben Auskunft zu geben. Zufolge des Protokolls verschwieg sie die beiden früheren Schwangerschaften lange. Insbesondere das mit Doktor Melchior Zwicky gezeugte Kind hatte sie in den Verhören bis zuletzt nicht erwähnt. Erst am Schluss des Prozesses räumte sie auf Drängen von Doktor Johann Jakob Tschudi gegenüber dem Rat ein, von Doktor Zwicky schwanger geworden zu sein. Offensichtlich vermied sie – wenn immer möglich – Aussagen, die sie oder jemand anderen hätten in Schwierigkeiten bringen können.

Kapitel 4 — Eine private Affäre wird zum politischen Konflikt

Beim Hexenprozess gegen Anna Göldi ging es anfänglich nicht um Hexerei und Zauberei, es ging vielmehr um ganz weltliche und durchaus menschliche Vorgänge – um «verbotenen fleischlichen Umgang», wie ausserehelicher Beischlaf damals hiess.

Ausgelöst wurde das Verfahren von Anna Göldi selbst, als sie sich am 26. Oktober 1781 – einen Tag nach ihrer Entlassung als Hausangestellte – an Landammann Johann Heinrich Tschudi und Pfarrer Johann Jakob Tschudi wandte und sich über ihren Dienstherrn beklagte. Der Landammann amtierte als Präsident des Chorgerichtes, das über familiäre und sittliche Angelegenheiten entschied, der Pfarrer als gewichtiges Mitglied derselben Behörde. Beide waren oberste Sittenwächter des Landes Glarus.

Der genaue Inhalt der Klage von Anna Göldi ist unklar, da die Akten zu diesem Teil des Verfahrens grösstenteils verschollen sind. Doch offenkundig ist, dass ihre Intervention behördliche Ermittlungen auslöste und sowohl die Magd als auch Doktor Tschudi zu den Vorwürfen sexueller Verfehlungen und einer ausserehelichen Schwangerschaft mehrmals befragt wurden.

Als der Fall in Gang kam, versah der 34-jährige Doktor Johann Jakob Tschudi bereits hohe Ämter. Er war Mitglied des evangelischen Rates, der die oberste exekutive Gewalt ausübte, vergleichbar mit dem heutigen Regierungsrat. Zudem sass er im Fünfergericht, das über Nachbarstreitigkeiten und Schuldforderungen entschied, sowie im Neunergericht, das zuständig war für Erb- und Eigentumsstreitigkeiten. Und schliesslich war er Mitglied des evangelischen Chorgerichtes. Er gehörte also ebenfalls zu den höchsten Sittenwächtern des Landes.

Umso schwerer wogen die Vorwürfe gegen ihn. Ausgerechnet dieser angesehene Familienvater, Arzt, Politiker und Richter sollte seine Ehefrau betrogen haben? Und erst noch mit seiner Dienstmagd?

Ehebruch galt nicht nur als anstössig und unstatthaft, sondern als eines der schlimmsten Delikte. Dieses wurde gemäss damaliger Rechtsauffassung meistens nicht von Männern, sondern von Frauen begangen. Die Rechtsprechung ging vor allem von ledigen Frauen als Übeltäterinnen aus, die verheiratete Männer verführten.

Das hatte für diese Frauen – als «Huren», «schlimme Weibspersonen» und «Hudelgesind» beschimpft – schwerwiegende Konsequenzen. Sie mussten zur Unterscheidung von ihren rechtschaffenen Geschlechtsgenossinnen rote Kappen tragen, wurden an den Pranger gestellt oder des Landes verwiesen.

Während die Katholiken an dieser frauenfeindlichen Praxis festhielten, verschärften die Protestanten im 18. Jahrhundert die Ehebruchsregelung für Männer. Nach dem Recht des evangelischen Landesteiles konnten sich auch Männer des Ehebruchs schuldig machen. Männer, die bei Seitensprüngen ertappt wurden, mussten mit harten Geldstrafen rechnen und den Degen, das Ehrenzeichen an der Landsgemeinde, abgeben.

Im Mai 1773 wurde diese Bestimmung sogar noch weiter verschärft. Bedrohlich wirkte sich für den protestantischen Doktor Tschudi ein Beschluss der Landsgemeinde aus, der für Amtsträger eine spezielle Ehebruchsklausel einführte. Seither mussten Ratsmitglieder, die fremdgingen, von allen Ämtern zurücktreten und sie waren generell im Land nicht mehr wählbar.

Für Doktor Tschudi wäre das eine Schmach gewesen. Wäre er des Ehebruchs oder gar der ausserehelichen Zeugung eines Kindes überführt worden, hätte er seine politischen und richterlichen Ämter für immer niederlegen müssen – das abrupte Ende seiner politischen Karriere.

Anna Göldi brachte mit ihrer Intervention nicht nur sich selbst und Doktor Tschudi in Bedrängnis, sondern versetzte auch Landammann Tschudi und Pfarrer Tschudi in Aufruhr. Denn die beiden trugen nicht nur den gleichen Nachnamen wie der Arzt, alle drei Männer waren auch sehr eng miteinander verbunden.

Der Pfarrer war mit der Familie von Doktor Tschudi verwandt und ihr intimer Vertrauter. Beide hatten den gleichen Urgrossvater, waren also entfernte Cousins. Zudem war der Gottesmann Onkel von Doktor Tschudis Ehefrau, der Bruder ihrer Mutter. Mit der Arztfamilie unterhielt er eine intensive Freundschaft. Er war Pate und geistiger Ziehvater von Doktor Tschudi, hatte ihn seinerzeit getauft und ihn in Griechisch und Latein unterrichtet. Später wurde er auch «Götti» von Susanna, der ältesten Tochter der Arztfamilie.

Weiterer Berührungspunkt: Doktor Tschudi war als Mitglied des Chorgerichtes auch ein Richterkollege von Landammann Tschudi und Pfarrer Tschudi. Nun sollten ausgerechnet diese beiden in einem delikaten Fall gegen ihn ermitteln.

Die Frage, was die Magd aus Sennwald dazu bewogen hatte, an die obersten Sittenwächter des Landes Glarus zu gelangen, gehört zu den grossen Mysterien des Anna-Göldi-

Falles. Warum informierte sie den Landammann und den Pfarrherrn über angebliche Verfehlungen von Doktor Tschudi? Hätte sie nicht damit rechnen müssen, dass sich ihre Beschwerde als Bumerang erweisen würde?

Offenbar musste aus Sicht von Anna Göldi etwas Gravierendes vorliegen. Trieb sie Wut, pure Verzweiflung an oder der verletzte Stolz einer Frau, die erniedrigt, missbraucht und vielleicht sogar vergewaltigt worden war?

Der Prozessverlauf wirft eine weitere Frage auf: Warum waren nicht nur Anna Göldi und Doktor Tschudi ein Thema, sondern auch das Kind Annamiggeli? War Annamiggeli Opfer von Übergriffen geworden? Letzteres zu bejahen, wäre reine Spekulation und geht aus den Akten keinesfalls hervor. Und Doktor Tschudi bestritt stets jeglichen «fleischlichen Umgang» und bezeichnete Göldis Vorwürfe als «teuflische Anspinnungen».

Vermutlich wollte Anna Göldi gar kein förmliches Verfahren gegen ihren Dienstherrn, sondern suchte nur vertrauensvoll die Hilfe der beiden Amtsträger. Doch als sie am 26. Oktober 1781 ihr Leid klagte, handelten beide entsetzt und panisch. Für den Landammann und den Pfarrer stand nicht nur die Ehre von Doktor Tschudi, sondern auch jene der ganzen Aristokratenfamilie und des Landes Glarus auf dem Spiel.

Während Anna Göldi, des Landes verwiesen, auf der Flucht war, verstummten die Gerüchte nicht, wonach die Magd von Tschudi schwanger geworden sei. Darum nahm im Land Glarus der öffentliche Druck auf den Arzt und Politiker von Woche zu Woche zu.

Lange hatte Doktor Tschudi geschwiegen, doch dann ging er in die Offensive und legte sein gesamtes politisches und gesellschaftliches Gewicht in die Waagschale. Am 9. Dezember 1781 bestritt er vor dem evangelischen Rat, die Magd geschwängert zu haben. Zugleich kündigte er an, alle Prozesskosten zu übernehmen und von allen Ämtern zurückzutreten, sollten sich die Vorwürfe gegen ihn bewahrheiten. Die Rettung seiner Ehre gehe ihm «über alles», sagte Tschudi.

Kapitel 5 — Die glarnerische Familienherrschaft: Herren und Untertanen

Die 13 alten Orte der Eidgenossenschaft waren Oligarchien, in denen ein paar wenige einflussreiche und vermögende Familien regierten. Normalsterbliche Menschen hatten keine Freiheitsrechte, keine Religions- und keine Gewissensfreiheit. Sie durften ihre Meinung nicht frei äussern, geschweige denn Kritik üben.

Dieses oligarchische Herrschaftssystem praktizierten auch «Landsgemeinde-Demokratien» wie das Land Glarus, das seit 1683 konfessionell gespalten war. Auf evangelischer wie katholischer Seite teilten sich je nur etwa zehn Bürgerfamilien die Macht unter sich auf. Die bekanntesten protestantischen Familien hiessen Heer, Blumer, Tschudi und Zwicky. Die Zwickys besetzten im 18. Jahrhundert die meisten wichtigen Landesämter und wurden zur mächtigsten Familie.

Diese Familien trafen die wichtigsten Entscheidungen in Justiz und Politik. Gewaltenteilung gab es nicht: Mitglieder des Rates waren in der Rechtsprechung tätig, Richter nahmen auch Regierungsgeschäfte wahr. Der Landammann und oberste Regierungsvertreter war zugleich höchster Richter und Vorsitzender in den meisten Gerichten.

Wer ein Amt übernahm, behielt es gewöhnlich ein Leben lang und war niemandem ausser Gott Rechenschaft schuldig. Besonders deutlich brachte der Diakon von Schwanden dieses Gottesgnadentum zum Ausdruck, als er in seiner Landsgemeindepredigt von 1780 die göttliche Ordnung erklärte. Diese unterscheide zwei Klassen von Menschen: die mächtigen «Oberen» und die zu Gehorsam verpflichteten Untertanen.

Wie kaum ein anderer verkörperte dieses ständestaatliche Machtverständnis Gottesmann Tschudi, damals der bedeutendste evangelische Geistliche im Land Glarus. Als Pfarrer des Hauptortes hatte er eine traditionell starke Stellung. Seit Ulrich Zwingli (1484–1531), der noch vor der Reformation Glarner Pfarrer war zwischen 1506 und 1516, hatte kein anderer Priester das kulturelle und politische Leben des Landes Glarus so geprägt wie der begnadete Kanzelredner und charismatische Tschudi. Im Jahr des Göldi-Prozesses stieg er zum Camerarius auf, zum obersten Geschäftsführer der evangelischen Landeskirche.

Sein grosses Vorbild war Aegidius, genannt Gilg, Tschudi (1505–1572), der mächtige Übervater der Tschudi-Familie, der als Geschichtsforscher, Wissenschaftler und Politiker zu den bedeutendsten Figuren der Alten Eidgenossenschaft gehörte. Er war Glarner Landammann und eidgenössischer Landvogt in den Gemeinen Herrschaften Sargans und Baden. Zudem unternahm er für die damalige Zeit weite Reisen über die Alpenpässe, besuchte antike Städte wie etwa Florenz oder Rom und entwarf eine für ihre Genauigkeit gerühmte Landeskarte der Alten Eidgenossenschaft. Seine grösste wissenschaftliche Leistung vollbrachte er als Verfasser des *Chronikon Helvetikum*, in dem er den heldenhaften Freiheitskampf der Alten Eidgenossen gegen die Habsburger schilderte, angefangen bei der Legende von Wilhelm Tell, über den Rütlischwur bis hin zu den siegreichen Schlachten von Morgarten, Sempach und Näfels. Auch wenn Tschudi die historischen Fakten frei interpretierte und mit Anekdoten und Sagen aus-

Camerarius Johann Jakob Tschudi (1722–1784)

schmückte, ist das «Chronikon» bis heute das bedeutendste Werk über die Geschichte der Alten Eidgenossenschaft geblieben. Tschudi begründete damit seinen Ruf als «Vater der Schweizer Geschichte» und legte den Grundstein für den Mythos einer starken und unabhängigen helvetischen Nation.

Zweihundert Jahre später führte der Glarner Pfarrherr Camerarius Tschudi, nebenbei ein leidenschaftlicher Geschichts- und Familienforscher, das Erbe des berühmten Übervaters weiter. In zwanzig Bänden beschrieb er die Geschichte des von Gott auserwählten «uralten adelichen Geschlechts». Seine Mission: die Erinnerung an die grosse Lichtgestalt Aegidius Tschudi auferstehen lassen und der Tschudi-Dynastie neuen Glanz und Ruhm verleihen.

Doch die Zeit der Familienherrschaft ging ihrem Ende entgegen. Im 18. Jahrhundert bahnten sich als Folge der Aufklärung in ganz Europa tiefgreifende Veränderungen an. Denker wie Jean-Jacques Rousseau (1712–1778) und Voltaire (1694 bis 1778) rüttelten an jahrhundertealten Dogmen und stellten die «gottgewollte» Weltordnung in Frage, die Menschen von Geburt an in Herrscher und Untertanen einteilte. Sie entwarfen neue Gesellschaftsmodelle, die den Menschen ein Mindestmass an demokratischer Mitbestimmung und Grundrechten zuerkannten. Dazu gehörten etwa die Meinungsäusserungs- und Religionsfreiheit sowie die Rechtsgleichheit: Jede Person sollte – unabhängig von ihrer familiären Abstammung und sozialen Stellung – gleiche Rechte haben.

Das revolutionäre Gedankengut breitete sich rasch in ganz Europa aus und fiel auch in der Eidgenossenschaft auf fruchtbaren Boden. Nicht nur das Volk war für die neuen Parolen empfänglich. Es gab auch unter den Aristokraten besonnene Leute wie Gottlieb Emanuel von Haller in Bern (1735–1786),

Johann Caspar Lavater (1741–1801) in Zürich oder den Glarner Altlandammann Cosmus Heer (1727–1791), die liberal dachten und gesellschaftliche und politische Reformen begrüssten. Heer war Gründer von Lesegesellschaften, in denen humanistisch gebildete Bürger über die Ideen der Aufklärung diskutierten. Diese freiheitlich gesinnten Aristokraten erkannten, dass Zugeständnisse an das Volk unumgänglich waren und die alte Ordnung mit sturem Festhalten an Macht und Privilegien nicht mehr zu retten war.

Der Grossteil der Machthaber sperrte sich jedoch gegen noch so massvolle Neuerungen. Statt Kompromisse zu schliessen, krallten sie sich an ihrer Macht fest und setzten alles daran, die Freiheitsbestrebungen im Volk zu unterdrücken. Noch nach der Französischen Revolution von 1789 und fast bis zum Untergang der Alten Eidgenossenschaft im Jahr 1798 stellten sich die Regenten auf den Standpunkt, die Herrschaftsverhältnisse hätten sich bewährt und die Forderungen nach persönlicher Freiheit und Demokratie seien «ein Muster von Unsittlichkeit und Verletzung allen Anstandes». Das Volk sei «blind in die kleinsten Freiheitsgenüsse verliebt», klagte der mächtige Pfarrherr und Camerarius Tschudi.

In dieser turbulenten Zeit wurde in der Eidgenossenschaft eine Reihe politisch motivierter Todesurteile gefällt. Je mehr die Herrscher in Bedrängnis kamen, umso mehr benutzten sie die Justiz als Mittel zur Machterhaltung und gingen gegen Regimekritiker unerbittlich vor. Sie liessen wegen Verrates und aufrührerischer Umtriebe unzählige Oppositionelle oder Andersdenkende verfolgen, foltern und hinrichten. Enormes Aufsehen erregte der Fall des wegen Pressedelikten angeklagten Zürcher Pfarrers Johann Heinrich Waser, der 1780 als Landesverräter hingerichtet wurde.

Immer vehementer erhoben andererseits die Menschen in den von eidgenössischen Orten kontrollierten Untertanengebieten ihre Forderungen nach Freiheit und Unabhängigkeit. Sie hatten die Stellung von Knechten und Hörigen, die ihren Herren hohe Abgaben entrichten und Huldigungen entgegenbringen mussten. So zum Beispiel in der Herrschaft Werdenberg im heutigen St. Galler Rheintal, wo die Glarner Vögte mit harter Hand regierten.

Die in unmittelbarer Nachbarschaft von Werdenberg aufgewachsene Anna Göldi nannte die Vertreter der Oberschicht ehrfurchtsvoll «Herren». Die soziale Kluft zwischen ihr und ihrem Dienstherrn Tschudi hätte nicht grösser sein können. Doktor Tschudi war Ratsherr, Mitglied der Ehrenfamilie Tschudi, freier Bürger des Standes Glarus. Anna Göldi war auf der untersten Stufe der gesellschaftlichen Rangordnung. Eine «fremde Person», eine ledige Magd aus Sennwald, eine Frau ohne Recht und Würde.

Kapitel 6 — Gufenspucken statt Ehebruch: Das Opfer wird zur Täterin

Im Dezember 1781 trat in der Causa Anna Göldi eine überraschende Wende ein. Der Arzt und Richter Johann Jakob Tschudi brachte plötzlich eine neue, mysteriöse Darstellung ins Spiel. Sie sollte ihn entlasten und stattdessen Anna Göldi belasten.

Die neuen Vorwürfe erhob Tschudi gemeinsam mit seiner Ehefrau Elsbeth – und zwar rückwirkend. Sie bezogen sich auf Oktober 1781, als es zur sofortigen Entlassung von Anna Göldi gekommen war. Auf ein Ereignis also, das zum Zeitpunkt dieser Gegenklage schon einige Wochen zurücklag.

Demnach soll im Oktober 1781 die Magd dem Kind Annamiggeli mehrmals Gufen – also Stecknadeln – in die Milchtasse gelegt haben. Und später soll das Kind begonnen haben, diese Gufen und dann auch andere Metallstücke wie Eisendrähte und Nägel auszuspucken.

Zwar waren damit die Vorwürfe wegen Ehebruchs nicht vom Tisch und gaben weiterhin zu reden. Doch die Geschichte von der seltsamen Erkrankung des Kindes rückte mehr und mehr in den Vordergrund und warf ein neues Licht auf die Vorgänge um die Entlassung der Magd. Nach dieser neuen Version der Tschudis haben nicht sexuelle Verfehlungen zum Zerwürfnis mit Anna Göldi geführt, sondern deren Übergriffe auf das unschuldige Kind.

So drehte Doktor Tschudi den Spiess um und schuf eine völlig neue Ausgangslage mit vertauschten Rollen. Der des Ehebruchs und der ausserehelichen Zeugung eines Kindes bezichtigte Arzt und Richter war nicht mehr der Hauptbeschuldigte, er stellte sich jetzt im Gegenteil als Opfer dar. Anna Göldi, Wochen zuvor noch in der Rolle der Anzeigeerstatterin und Klägerin auf «Reparation» beziehungsweise Schadenersatz oder Wiedergutmachung, wurde zur Beklagten, zu einer Übeltäterin, die Tschudis Kind Annamiggeli verletzen, vielleicht sogar töten wollte.

Seltsamerweise hatten die Tschudis Wochen zuvor, im Oktober 1781, als diese Vorfälle passiert sein sollen, nicht reagiert. Warum gelangten die Tschudis nicht schon früher an die Behörden und meldeten die angeblichen schlimmen Übergriffe der Magd auf das Kind? Warum schwiegen sie fast zwei Monate lang über das Drama?

Die Ehefrau des Arztes und Mutter des Kindes äusserte sich erstmals am 13. Dezember 1781 zu den Vorkommnissen – also rund sieben Wochen nach der Entlassung der Magd. Sie schilderte, dass die Magd Annamiggeli mehrmals Gegenstände in die Milchtasse gelegt habe – erstmals am 19. Oktober, eine Woche vor ihrer Entlassung. Zunächst habe die Mutter dem Vorfall keine Bedeutung beigemessen, weil sie gedacht habe, das Kind selbst habe eine Gufe in die Tasse fallen lassen.

In den folgenden Tagen sei sie aber stutzig geworden, weil sich die Vorfälle wiederholten. Innerhalb von fünf Tagen habe sie neunmal Gufen in der Milchtasse von Annamiggeli vorgefunden. Ihr Verdacht sei auf die Magd gefallen, weil diese in der Küche die Milch gekocht und in die Tassen gegossen habe. Als sie die Magd zur Rede gestellt habe, habe diese den Vorwurf gar nicht ernst genommen und scherzhaft entgegnet, woher sie denn die Gufen hätte hernehmen sollen – sie hätte ja gar keine Gufen. Ein anderes Mal, als der Dienstherr sie mit dem Vorwurf konfrontierte, habe die Magd geantwortet: Mit den Händen habe sie es nicht getan, es müsse der Teufel gewesen sein.

Das Kind hatte nach Angaben von Frau Doktor Tschudi Angstzustände. Am Samstag, zwei Tage vor der Entlassung der Magd, sei es um halb sechs Uhr früh wach geworden – «unter grosser Forcht» und unter starkem «Schlottern und Zittern». Es habe um Hilfe geschrien, «es seyen Mannen da», einer in einem «weissen Tschöpli und Bäntzle [Kittel und Rock]». Nach diesem Vorfall habe die Tochter vier Tage nichts mehr zu sich genommen ausser einem Löffelchen Tee.

Elsbeth Tschudi begründete die Entlassung der Magd wie folgt: An diesem Tag habe sich Anna Göldi geweigert, die Frühstücksmilch in die Tasse des Kindes zu giessen. Sie habe dies der Dienstherrin überlassen wollen, damit sie nicht wieder in Verdacht komme, Gufen in die Milchtasse zu legen. Darauf, so Elsbeth Tschudi, habe sie erneut eine Gufe gefunden, diesmal aber nicht in der Milch, sondern in einem Brotbrocken, den Anna Göldi geschnitten habe. Doktor Tschudi sei wütend geworden, habe der Magd schwere Vorwürfe gemacht und sie noch am gleichen Tag entlassen.

Unmittelbar nach dem Eklat hatten die Tschudis nichts unternommen, sondern geschwiegen. Auf die Frage, weshalb sie sich nicht sofort an die Behörden gewandt hätten, gaben die Eheleute Tschudi an, sie seien im Glauben gewesen, Annamiggeli habe die «Angriffe» der Magd unbeschadet überstanden. Erst später hätten sie realisiert, was passiert sei.

Das Ausmass der Krankheit von Annamiggeli wurde gemäss Frau Tschudi erst sichtbar, als das Kind plötzlich Gufen ausgespuckt habe. 18 Tage nach der Entlassung der Magd, also Mitte November, sei «die erste Gufe von dem Kind gegangen». Das Kind habe an einem Tag sechs, später zehn und zwölf und an einem anderen Tag sogar 22 Gufen ausgespuckt, gerade, gekrümmte, kleinere und grössere, insgesamt über hundert Gufen. «Und die meisten Guffen kommen mit dem Spiz zum Mund hinaus» – mit einer Art Husten, gefolgt von Blut.

Tschudis Geschichte des gufenspeienden Kindes wurde immer dramatischer und ausgeschmückter. Nach Darstellung der Eltern spuckte Annamiggeli in den Monaten November und Dezember 1781 nicht nur Gufen, sondern auch Eisendrähte und Nägel aus. Am Tag, an dem das Kind Eisennägel aus dem Mund hergab, sei es fast erwürgt worden und erstickt.

Am 10. März 1782 wurde Elsbeth Tschudi nochmals befragt. In diesem zweiten Verhör erklärte Elsbeth Tschudi, seit dem ersten Verhör vom 13. Dezember 1781 seien noch einige Stecknadeln, ein kleiner und zwei grössere Nägel und dazu drei Stücke Draht aus dem Mund des Kindes gekommen. Annamiggeli habe beim Gufenspeien entsetzliche Schmerzen gehabt und an «gichterischen Zuckungen» gelitten. Seine Glieder seien so starr, dass es weder Arme noch Beine noch den Kopf bewegen könne. Auch sei sein linkes Bein kürzer als das rechte. Das Kind könne nicht selbständig gehen, es müsse getragen werden, beschrieb Elsbeth Tschudi den gegenüber Dezember 1781 deutlich verschlimmerten Gesundheitszustand.

Doktor Tschudi erklärte, er stehe als Arzt vor einem Rätsel. Zu den Symptomen gehörten auch Ohnmachtsanfälle, Schmerzen in den Gliedern und Krämpfe – vor allem im linken Bein – sowie das Spucken von Metallstücken. Er habe dem Kind zunächst «Palliativmittel» wie Melissen- und Lindenblütentee verabreicht. Später habe er mit Brechmittel nachgeholfen. Dadurch seien vom Kind «gelbe Materie und

Schleim wie Samen» sowie «Materie aus Kupfer» abgesondert worden.

Für Doktor Tschudi stand fest, dass das Gufenspucken und die Krankheit des Mädchens durch die Magd verursacht worden seien. Nur sie habe Milch angerichtet, «und Kühe spucken keine Gufen aus», meinte er lakonisch.

Das Kind Annamiggeli war damals neun Jahre alt. Es war das Sorgenkind der Familie und galt als ungezogen und verwöhnt. In einem der Verhöre sagte Anna Göldi, Annamiggeli sei «das meisterloseste» der Tschudi-Kinder.

Ein Motiv für eine so hinterhältige und verwerfliche Tat gab es allerdings nicht. Im Gegenteil schien das Verhältnis zwischen der Magd und der Familie vorher ungetrübt. Die Magd hatte ihre Arbeit stets zur Zufriedenheit der Doktorsfamilie verrichtet und zu keinerlei Klagen Anlass gegeben. Auch das Verhältnis zwischen der Magd und dem Kind schien völlig unbelastet.

Nur einmal sei es zu einem Zwischenfall gekommen, den die Tschudis wie folgt schilderten: Kurz vor ihrer Entlassung seien die Magd und das Kind in der Küche aneinandergeraten. Annamiggeli habe der Magd mehrmals die Haube vom Kopf gerissen, worauf die Magd dem Kind ein «Püffli» versetzt habe. Susanna, die ältere Schwester von Annamiggeli, habe den Vorfall der Mutter gemeldet. Doch diese habe Annamiggeli ungestraft gelassen und stattdessen Susanna dafür getadelt, dass sie Annamiggeli bei der Mutter angeschwärzt habe. Der Vorfall war eine Bagatelle, er wurde aber von den Tschudis im Verlauf des Verfahrens zum Drama und zum eigentlichen Tatmotiv emporstilisiert.

Angebliche Zeugen bestärkten die Vorwürfe. Die befragten Personen waren jedoch keineswegs neutral und unab-

Annamiggeli Tschudi (1773–1810), etwa 8-jährig

hängig, sondern Hausangestellte, Verwandte und Freunde der Familie. Peter Tschudi, der Bruder des Arztes, sagte, er habe dem Kind die Gufen «aus den Zähnen herausreissen» müssen, wenn es im «Delirio» gewesen sei. Bei vollem Verstand jedoch habe das Kind die Gufen «in seine Hände wie hinaus geblasen» – mit Husten und mit Schleim.

Die Hausangestellte Anna Schuler erklärte, sie habe oft gesehen, wie das Kind mit seinen eigenen Fingern die Gufen aus dem Mund geholt habe. Dabei habe es entsetzlich geschrien. Die Zeugin will zudem beobachtet haben, wie das Kind einen Eisendraht ausgespuckt habe.

Auch Schützenmeister Balthasar Tschudi, ein Freund der Familie, sagte, er habe beobachtet, wie das Kind «Gufen und anderes Zeug» gespien habe.

Nachdem Anna Göldi im Februar 1782 in Degersheim gefangen genommen und nach Glarus geschafft worden war, befand sie sich in einer verzweifelten Lage. Als «fremde Person» aus Sennwald, ohne jegliche fremde Hilfe, sass sie im Gefängnis, belastet mit dem Vorwurf, schwere kriminelle Handlungen am unschuldigen Kind Annamiggeli begangen zu haben. Als Angeklagte in Gefangenschaft realisierte sie, dass sich jedes falsche Wort als verhängnisvoll erweisen könnte. Darum nahm sie die Vorwürfe gegen Doktor Tschudi zurück und entlastete ihn sogar. Angesprochen auf die Gerüchte in der Bevölkerung, sagte sie am 21. März 1782 im Verhör: «Nein, das ist nicht im Geringsten wahr.» Sie sei nicht schwanger ausser Landes gegangen. Und zwei Tage später ergänzte sie gegenüber der Strafbehörde, Doktor Tschudi habe sie «mit keiner Hand angerührt».

Kapitel 7 — Die mysteriöse Gufengeschichte, ihre Vorbilder und Ursachen

Die Glarner Gufengeschichte kam nicht aus dem Nichts – sie hatte ein berühmtes Vorbild: 1712/13 sorgte in Deutschland ein ähnliches Phänomen für Aufsehen. Die Annaberger Krankheit, benannt nach der protestantischen Ortschaft Annaberg im sächsischen Erzgebirge, wurde mit nahezu gleichen Symptomen beschrieben. Und sie war ebenfalls Anfang eines bekannten Hexenprozesses auf deutschem Boden.

Eine Kumulation mehrerer Ursachen – drohende Pest, Misswirtschaft, Hungersnot, unerklärliche Todesfälle – hatte in der ostdeutschen Kleinstadt Angst und Hass aufkeimen lassen. Und sie führte dazu, dass sich die Menschen von Annaberg wechselseitig beschuldigten und die übelsten Gerüchte übereinander in Umlauf brachten. Treibende Kraft war ein protestantischer Pfarrer, der von mehreren Personen behauptete, sie seien vom Teufel besessen – die meisten davon Frauen und Jugendliche. Sie litten an Schüttelfrost und Krampfanfällen, hatten angeblich aber auch ganz aussergewöhnliche Krankheitssymptome: Demnach drangen Fremdkörper wie Nadeln und Eisenstücke unsichtbar in ihre Körper ein und traten durch Ohren und Mund wieder aus. Schon in Annaberg spien Mädchen Nadeln aus, bei einem soll der Chirurg mehrere Hundert solcher Gegenstände aus dem Körper herausoperiert haben. Der Annaberger Hexenprozess dauerte Jahre, ehe Kurfürst August der Starke dem Spuk ein Ende setzte und die Freilassung aller Gefangenen anordnete.

Siebzig Jahre später gab es nun also einen verblüffend ähnlichen Beschrieb von Gufenspeien – diesmal in Glarus. Der Fall ist gleichermassen in die Geschichte der europäischen Hexenverfolgung eingegangen und bis heute ein Mysterium geblieben.

Dabei fehlt es nicht an späteren Versuchen, die geheimnisvolle Erkrankung von Annamiggeli mit Erkenntnissen aus der Schulmedizin zu erklären. Annamiggeli hatte nach Angaben der Tschudis – ähnlich wie im Fall Annaberg – nicht nur Gufen gespuckt, das Kind litt auch an Symptomen, die sich ohne dämonische Einflüsse deuten lassen und eine durchaus natürliche Ursache haben: Krampfanfälle, Ohnmacht, starre Glieder, Zuckungen, Konvulsionen.

Elisabeth Korrodi-Aebli, Fachpsychologin für Kinder und Jugendliche, hat 1996 darüber eine bemerkenswerte Lizentiatsarbeit verfasst und bringt die Erkrankung des Kindes in Verbindung mit heute bekannten Nervenkrankheiten wie Epilepsie, Psychose, Hysterie.

Im Jahrbuch des Historischen Vereins des Kantons Glarus von 2019 kommen neue Diagnosemöglichkeiten ins Spiel, die sich auf Erkenntnisse der modernen Psychiatrie stützen. Zum einen Allotriophagie, eine sehr seltene und schwerwiegende Essstörung: Menschen verschlucken Fremdkörper aus selbstzerstörerischen Motiven. Demnach hätte Annamiggeli die Stecknadeln in der Absicht geschluckt, sich selbst Leid zuzufügen. Zudem wird das Münchhausen-Stellvertretersyndrom genannt, eine subtile Art der Kindesmisshandlung: Eltern geben sich zwar überfürsorglich, erfinden oder verursachen aber bei ihren Kindern Krankheiten, die im Extremfall sogar zum Tod führen. Demnach hätten die Eltern Gufen in die Milchtasse gelegt und eine Schädigung des Kindes in Kauf genommen. Und schliesslich wurde auch schon die Frage aufgeworfen, ob gar nicht Anna Göldi, sondern das Kind Annamiggeli Opfer sexueller Übergriffe geworden sei. Könnte das der Grund für die Eskalation des Falles sein?

Selbst wenn solche Hypothesen nicht restlos überzeugen, ist eine real existierende Krankheit der zweitältesten Tochter der Tschudis keineswegs auszuschliessen, zumal das Kind gesundheitlich vorbelastet war. Es wird in Quellen als verhaltensauffällig und schwächlich beschrieben. Der mit dem Fall bestens vertraute Journalist Heinrich Ludwig Lehmann verwendete rückblickend Ausdrücke, die alles andere als vorteilhaft erscheinen. Der Verstand des Kindes sei mittelmässig gewesen und «sein Gehirn äusserst hart».

Naheliegend ist auch, dass der Streit zwischen der Magd und ihrem Dienstherrn im Haus der Tschudis Spannungen und Konflikte auslöste. Die Gerüchte über eine aussereheliche Liebesbeziehung des Magistraten trafen seine Ehefrau Elsbeth und die ganze Familie sicherlich schwer und müssen für alle beteiligten Personen im Tschudi-Haus eine enorme Belastung gewesen sein. Vor allem für das Kind Annamiggeli. Die Eltern und Anna Göldi, seine engsten Vertrauten, wurden plötzlich erbitterte Feinde. Damit geriet die zweitälteste Tochter der Familie zwischen die Fronten eines Streites, der immer hässlichere Züge annahm und zweifellos auch jedes andere Kind überfordert hätte.

Die Eheleute Tschudi gossen Öl ins Feuer. Sie warfen der Magd vor, über Doktor Tschudi Lügen verbreitet zu haben und auch die Schuld an der Krankheit des unschuldigen Kindes zu tragen. Später bezichtigten sie Anna Göldi, dem Kind im Speziellen ein Leckerli, ein süsses Gebäck, verabreicht zu haben, das Gufen enthielt. Damit habe für Annamiggeli ein

Martyrium begonnen, hervorgerufen durch übernatürliche Kräfte der Magd.

Diese Version brachten die Eltern Tschudi allerdings erst zu einem Zeitpunkt vor, als die Gufengeschichte fast schon Vergangenheit war. Die Spukanfälle sollen sich vor allem in den Monaten November und Dezember 1781 ereignet haben und konnten im Prozessjahr 1782 nicht mehr überprüft werden.

Im Jahrbuch des Historischen Vereins von 2019 weist Fridolin Elmer, Leiter des Anna Göldi Museums, unter dem Titel «Alles nur vorgespielt?» auf die «schwierige Dreiecksbeziehung» hin, die zwischen Anna Göldi, Annamiggeli und ihren Eltern bestand. Und er hinterfragt den Krankheitsverlauf: «Versucht man, die wichtigsten Ereignisse der Gufengeschichte chronologisch zu ordnen, fallen einem unweigerlich merkwürdige Ungereimtheiten auf, und der Verdacht, dass die Geschichte nach und nach den Erfordernissen angepasst, ‹revidiert› und auf die Reihe gebracht wurde, ist nicht von der Hand zu weisen.»

Dass das Kind physisch und psychisch angeschlagen war und auch noch im Prozessjahr 1782 an Angstzuständen und Verkrampfungen litt, lässt sich aufgrund der Akten erklären. Annamiggeli rückte in den Mittelpunkt eines der aufsehenerregendsten Kriminalprozesses des 18. Jahrhunderts. Damit wurde das Kind gewissermassen zu einem öffentlichen Beweisstück, zu einem lebendigen Corpus Delicti.

Letztlich ist klar, dass die «Geschichte mit den Gufen» keinen realen Hintergrund hatte, sondern ein Schwindel war. Mit der Gufengeschichte verfolgten Doktor Tschudi und seine Familie nur das Ziel, Anna Göldi zu belasten und sich selbst zu entlasten. Dem Mediziner war die Annaberger Krankheit sicherlich bekannt, zumal diese durch eine Reihe ähnlich gelagerter Fälle noch in der Spätaufklärung erhöhte Aufmerksamkeit erfuhr.

In Deutschland wurde zum Beispiel 1718 über einen Fall im oberschwäbischen Memmingen berichtet. Ein Mädchen war angeblich von einer älteren Frau, einer Krettenmacherin – Kretten sind Weidenkörbe – behext worden. Gemäss der Anklage hat das Mädchen «Haare und Federn, manchmal auch Nadeln, Wollfäden, Holzstücke und Knöchelchen» erbrochen. Das Gericht stellte das Verfahren ein, nachdem es die Vorwürfe gegen die Krettenmacherin durch einen juristischen Gutachter abgeklärt hatte. Dieser schloss eine durch übernatürliche Kräfte hervorgerufene Erkrankung des Mädchens zwar nicht aus, die Schuld der Krettenmacherin hielt er jedoch für nicht erwiesen und plädierte auf Freispruch.

In der Schweiz sind weitere Fälle aktenkundig, in denen Kinder und Jugendliche Gufen gespuckt haben sollen. 1770 sorgte etwa ein Knabe in Affoltern am Albis für Aufsehen, doch stellte sich heraus, dass er epileptische Anfälle vorgetäuscht hatte. Und 1782 ereignete sich im zürcherischen Weisslingen Ähnliches mit einem 14-jährigen Knaben, der von «gichterischen Anfällen» geplagt wurde und verschiedene Male «eiserne, messingene, bleyerne Stücke, Knöpfe, Nägel, Saiten und Steine» erbrochen habe.

In Evangelisch-Glarus kam es 1789, nur sieben Jahre nach dem Göldi-Prozess, zu einem neuen Fall des Gufenspeiens. Die Eltern des 14-jährigen Heinrich Kubli aus Netstal behaupteten, ihr Sohn speie Stecknadeln und andere Gegenstände aus, dazu noch Wacholderbeeren. Er sei von einer Frau mit Pockennarben verzaubert worden, die ihm eine übelriechende Salbe vor die Nase gehalten habe. Bei einer längeren

Beobachtung des Knaben im Pfarrhaus in Glarus stellte sich das Gufenspeien als Hirngespinst heraus. Der Rat bestrafte die Eltern des Knaben wegen Betrugs und stellte das Verfahren gegen die angeklagte, aus dem Toggenburg stammende Frau ein.

Es fällt auf, dass mit Ausnahme des Göldi-Falles alle Gufenspeigeschichten glimpflich abliefen und als Schwindel und Betrügerei entlarvt wurden – bereits der Fall Annaberg. Danach kamen Gufenspeigeschichten kaum mehr vor und wurden von den Strafbehörden auch nicht mehr verfolgt.

Doch gegen Ende der Aufklärungsepoche, sechzig Jahre nach den Vorfällen in Annaberg und wenige Jahre vor dem Göldi-Prozess, änderte sich das Bild und ein katholischer Geistlicher trat ins öffentliche Rampenlicht, der Exorzist Johann Joseph Gassner.

Kapitel 8 — Der Exorzist und das Wiedererstarken des Teufelsglaubens

Der katholische Priester, Geistheiler und Teufelsaustreiber Johann Joseph Gassner (1727–1779) unterschied zwei Arten von Krankheiten: Sie seien entweder natürlichen oder dämonischen Ursprungs. Menschen, die angeblich von bösen Mächten heimgesucht oder vom Teufel besessen waren, versprach er Hilfe und rückte ihren Leiden durch Gebete und Beschwörungen zu Leibe. Der Glaube sei der beste Schutz gegen Krankheiten, verkündete er.

Gassner stammte aus der österreichischen Ortschaft Klösterle am Arlbergpass, die damals zum Bistum Chur gehörte. In den Siebzigerjahren des 18. Jahrhunderts trat er ins Rampenlicht der Öffentlichkeit und sorgte durch Wunderheilungen für Aufsehen in ganz Europa.

Zugleich entfachte der Priester eine historische Kontroverse um Hexen- und Teufelsglauben, an dem sich Wissenschaftler aus allen Fachrichtungen beteiligten: Theologen, Mediziner, Philosophen und Historiker. Der nach dem Wunderheiler benannte Gassner-Streit führte den Bayerischen Hexenkrieg weiter, der 1766 vom Gegenspieler Gassners, dem katholischen Theologen Ferdinand Sterzinger (1721–1786), losgetreten worden war. In seiner berühmten Rede vor der Münchner Akademie der Wissenschaften brandmarkte Sterzinger den Hexen- und Teufelsglauben als Hirngespinst, den es endgültig zu beseitigen gelte. Und er stiess mit seinen Aussagen bei der konservativen Geistlichkeit auf heftigen Widerstand.

Johann Joseph Gassner (1727–1779) bei der Teufelsaustreibung durch Händeauflegen

Sterzinger und Gassner trugen ihre Fehde öffentlich aus und entfachten einen bis dahin einmaligen Medienwirbel. Gegner und Anhänger des Hexen- und Teufelsglaubens lieferten sich einen Schlagabtausch, der sich in über hundert Kampfschriften niederschlug. Johann Joseph Gassner, ein väterlich wirkender, rundlicher Mann mit dem Kruzifix an seiner Seite, wurde auch in den eigenen Reihen angefeindet und als Scharlatan beschimpft. Der Bischof von Chur und der Papst gingen auf Distanz zu ihm.

Doch für viele Menschen war der in Chur geweihte Priester in einer Zeit des rasanten Umbruchs eine Art Fels in der Brandung. Sie sahen ihn als Verteidiger des wahren christlichen Glaubens und der auf kirchlicher Autorität beruhenden Weltordnung. Und als Lichtgestalt im Kampf gegen den Wissenschafts- und Vernunftswahn der Aufklärung, die für die Entstehung von Krankheiten einzig natürliche und erklärbare Ursachen anerkannte.

So löste der gottesfürchtige Mann einen gegen den Zeitgeist gerichteten Hexen- und Teufelsboom aus, eine religiös-spiritistische Welle, die sowohl konservative Katholiken als auch aufgeklärte protestantische Kreise im gesamten deutschen Sprachraum erfasste.

Selbst eine so bedeutende Persönlichkeit wie der protestantische Zürcher Pfarrer und Philosoph Johann Caspar Lavater war von Gassners aussergewöhnlicher Gabe als Heiler fasziniert und pflegte zeitweilig intensiven Kontakt mit dem katholischen Teufelsaustreiber. 1775 berichtete er nach einem erneuten Besuch beim Exorzisten, dieser könne sogar unheilbare Patienten kurieren. Gassner sei «aufrichtig» und seine Wunderkraft «ächt», schwärmte Lavater.

Gassner war inzwischen so berühmt, dass ihm das Dorf

Klösterle im Tirol und das Bistum Chur zu klein geworden waren. Dem Ruf mächtiger Fürsten und Bischöfe folgend, übte er seine Heiltätigkeit in mehreren süddeutschen Städten aus, so in Meersburg, Regensburg, Ellwangen und Kempten. Als «Teufelsbanner» war er für Hilfe suchende Menschen ein Hoffnungsträger und Heilsbringer – zu Tausenden pilgerten Kranke und Hilfsbedürftige zu ihm, um sich von dämonischen Einflüssen heilen zu lassen.

Die Exorzismen oder Teufelsaustreibungen waren okkult-spirituelle Zeremonien: Gassner sprach zu Gott, betete mit den Leuten, berührte sie und vollbrachte angebliche Wunder. Er soll Lahme zum Laufen gebracht und Menschen von Krämpfen, Zuckungen, Konvulsionen und Fallsucht befreit haben – laut Gassner typische Merkmale der Teufelsbesessenheit.

1774/75 veröffentlichte er seine bekannteste Schrift, die einen unauffälligen Titel trug: *Weise und Fromm zu leben, auch ruhig und gottselig sterben, nützlicher Unterricht wider den Teufel zu streiten.* Das Buch stiess auf enormes Interesse, wurde zum Rezeptbuch für ein gottgefälliges Leben und zur Vermeidung und Bekämpfung von dämonischen Krankheiten.

In der Schrift schilderte Gassner im Detail, wie der böse Geist sich des Menschen bemächtige. Er dringe in seinen Leib ein und trete aus Körperöffnungen wie Mund und Ohr wieder aus, sodass es zu den schlimmsten Krankheiten kommen könne. Wörtlich schrieb Gassner: «Würmer, Frösche, Schlangen und Mäuse, auch kleine Scheren, Nägel, Messer und Haarnadeln» seien schon aus Mund und Ohren der Besessenen ausgetreten. Der Austritt unnatürlicher Gegenstände aus Körperöffnungen galt als charakteristisches Symptom der Teufelsbesessenheit.

Solche unerklärlichen Krankheitsphänomene spielten zuvor bei den Hexenprozessen in Annaberg und später in Glarus eine wichtige Rolle. Für Gassner waren sie nicht Einbildung oder Hirngespinst, sondern sichtbarer Beweis dafür, dass der Teufel leibhaftig und real existiert.

Anders als Heinrich Kramer (1430–1505) im *Hexenhammer* rief Gassner nicht offen zu Gewalt gegen Frauen auf und mied auch den verpönten Begriff «Hexe»; er sprach lieber von «Werkzeugen des Teufels», die dem «Laster des Fleisches» verfallen seien. Doch ebenso wie Kramer schrieb Gassner, der Teufel sei der schlimmste Feind der christlichen Menschheit und müsse mit allen Mitteln bekämpft und überwunden werden. Er entfachte in den 1770er-Jahren einen Teufelskult, der ein Nährboden für die letzten Hexenprozesse war. Genauer gesagt, waren diese die letzten gegen Frauen geführten Teufelsprozesse.

Zum letzten Hexen- oder Teufelsprozess in Deutschland, 1775 im allgäuischen Kempten, leistete Gassner geistige Schützenhilfe. Das Opfer, Anna Maria Schwägelin (1729–1781), stammte aus ärmlichen Verhältnissen, litt an einer schweren körperlichen Behinderung, hatte vom katholischen zum reformierten Glauben gewechselt und bezichtigte sich selbst, ein sündhaftes Leben zu führen und mit dem Teufel in Beziehung zu stehen. Die örtlichen Behörden wurden hellhörig, eröffneten gegen sie einen Hexenprozess und verurteilten die Frau wegen Teufelspaktes zum Tode.

Unterzeichnet wurde das Urteil von Fürstabt Honorius Roth von Schreckenstein (1726–1785), einem Anhänger von Gassner. Der Exorzist hatte ein Jahr vor dem Prozess beim Fürstabt von Kempten Unterschlupf gefunden und seine programmatische Schrift als «nützliche[n] Unterricht wider den Teufel zu streiten» verfasst.

Auf diesen Zusammenhang wies erstmals 2007 der deutsche Historiker Wolfgang Petz hin in seiner Publikation *Die letzte Hexe. Das Schicksal der Anna Maria Schwägelin.* Petz wies zudem nach, dass das Todesurteil im letzten Moment ausgesetzt und in lebenslange Haft umgewandelt wurde. Schwägelin starb sechs Jahre später im Gefängnis.

Vier Jahre nach dem Hexenprozess in Kempten, 1779, fand der letzte Bündner Hexenprozess gegen Maria Ursula Padrutt (1727–1785) im katholischen Ort Tinizong am Julierpass statt. Im Bistum Chur hatte Johann Joseph Gassner seine geistlichen Wurzeln und konnte auf eine grosse Anhängerschaft zählen. Die Bewohner der Ortschaft, angestachelt von einem Gesinnungsgenossen Gassners, dem Dorfkaplan Donat Candrian (1704–1780), bezichtigten Padrutt der Komplizenschaft mit dem Teufel und lösten einen mehrmonatigen Hexenprozess aus. Dieser endete zwar mit einem Freispruch, aber die Frau trug durch die schlimme Folter bleibende Schäden davon und starb sechs Jahre nach dem Prozess im Exil in Chiavenna.

1782 folgte der «letzte Akt» der Hexenverfolgung in Europa. Obschon sich der Fall von Anna Göldi (1734–1782) in Glarus in einem protestantischen Milieu abspielte, war er ebenfalls stark von klerikalem Teufelsglauben geprägt.

Sowohl Anna Göldi wie Anna Maria Schwägelin hatten uneheliche und mithin unerlaubte Männerbeziehungen – was als besonders sündhaft und lasterhaft galt. Das machte sie nach der damals verbreiteten kirchlichen Ideologie zur leichte Beute Satans. Und wurde ihnen vor Gericht zum Verhängnis.

Zudem fällt beim Vergleich der drei Prozesse auf: Nicht nur Anna Göldi, auch die beiden anderen angeklagten Frauen waren alleinstehend und am Ort des Prozesses fremde, zugezogene Personen ohne sozialen Rückhalt. Anna Maria Schwägelin stammte aus Lachen bei Memmingen, dreissig Kilometer von Kempten entfernt. Auch die Padrutts hatten ihre Wurzeln nicht am Oberhalbstein, sondern im sechzig Kilometer entfernten Pagig in der Talschaft Schanfigg. Die drei letzten Opfer des Hexenwahns in Europa waren völlig auf sich allein gestellt und der Willkür der einheimischen Machtträger schutzlos ausgeliefert.

Kapitel 9 — Anna Göldi heilt das Kind — und stürzt sich damit erst recht ins Verderben

Noch im Dezember 1781 drehten sich im Fall Anna Göldi die Diskussionen hauptsächlich um das «bösartige Gerücht», Doktor Tschudi habe Ehebruch begangen. Mit entsprechenden Vorwürfen gegen ihn begründete der Arzt in der Ratssitzung vom 9. Dezember denn auch seine Forderung, die Magd müsse «auf dem Gebiet der Eidgenossenschaft» steckbrieflich gesucht werden. Als Anna Göldi im Februar 1782 gefangen genommen und eingesperrt wurde, wendete Ratsherr und Richter Tschudi das Blatt zu seinen Gunsten und gewann in der gerichtlichen Auseinandersetzung mit Anna Göldi die Oberhand. Es wurde ein sehr einseitiges Kräftemessen, vergleichbar mit David gegen Goliath. Die Magd aus dem zürcherischen Untertanengebiet hatte die mächtige Glarner Herrschaftsfamilie Tschudi gegen sich, die ihren Heimvorteil vor Gericht gnadenlos ausspielte.

Während die Vorwürfe des «verbotenen fleischlichen Umgangs» vom Tisch waren, nahm die Krankheitsgeschichte des Kindes Annamiggeli immer kuriosere Formen an. Zur allgemeinen Verwunderung zog Doktor Tschudi einen berüchtigten Teufelsaustreiber bei. Auch in der Schweiz gab es damals eine Vielzahl von Exorzisten, die den berühmten Johann Joseph Gassner imitierten und von sich behaupteten, ähnliche Wunder vollbringen zu können. Einer von ihnen war der dubiose Vieharzt und Geistheiler Heinrich Irminger

(1746–1818) aus dem zürcherischen Pfaffhausen, der angeblich Brandwunden, Warzen und Zahnschmerzen mit Weidenstöcken wegzaubern konnte. Irminger untersuchte das Kind und stellte eine abenteuerliche Diagnose: Das verspeiste Leckerli habe den Samen zum Gedeihen der Stecknadeln, Drähte und Nägel enthalten – deshalb hätten sie sich im Magen des Kindes vermehrt.

Bei seinen Heilungsversuchen trieb Irminger im Haus der Tschudis allerlei Unwesen, vertrieb durch «Ausräuchern» die bösen Geister aus dem Haus, legte Zugpflaster auf den kranken linken Fuss des Kindes, mixte und verabreichte ihm verschiedene Getränke. Doch das alles änderte nichts. Also zog er den kühnen Schluss, nur die Person, die das Kind verzaubert habe, könne ihm jetzt auch helfen: Anna Göldi.

Die Tschudis befolgten den Rat Irmingers und liessen ihre Bitte durch den Gefängniswärter der Gefangenen überbringen. Anna Göldi lehnte ab. Sie könne dem Kind nicht helfen, da sie ihm nichts zuleide getan habe. Auf Drängen des Gefängniswärters und in der Hoffnung auf eine mildere Strafe liess sie sich doch noch umstimmen. Anna Göldi versprach, «dem Kind mit der Hilfe Gottes und dem Beistand des Heiligen Geistes» zu helfen.

In dieser Phase trat eine wichtige Figur im Göldi-Prozess in Erscheinung: Johann Melchior Kubli (1750–1835), der Netstaler Protokollführer. Allerdings hielt er sich diskret im Hintergrund. Fein säuberlich schrieb er mit Tinte auf ein Blatt, was er bei den nächtlichen Zeremonien hörte und mit eigenen Augen mitverfolgen konnte.

Als er im Göldi-Prozess zum Einsatz kam, war er erst 32 Jahre alt, aber schon recht erfahren. Obwohl die Kublis nicht zu den mächtigen Herrschaftsfamilien gehörten, übernahm er nach dem frühen Tod seines Vaters schon mit 18 Jahren das Amt des Landschreibers von Evangelisch-Glarus und wurde damit Mitglied des Rates, der obersten Exekutiv- und Justizbehörde des Landes.

Die Behandlungen des Kindes sollten geheim bleiben. Darum setzten die Behörden diese auf Mitternacht fest. Doch das brachte die Gerüchteküche erst recht zum Brodeln. Die Veranstaltungen wurden Stadtgespräch; sie erinnerten an spirituelle Sessionen des katholischen Priesters Johann Joseph Gassner, der wenige Jahre zuvor als Teufelsaustreiber für Furore gesorgt hatte.

Darauf ging Kubli jedoch nicht ein, als er die aktuellen Vorgänge protokollierte. Demnach fand die erste Behandlung am 11. März 1782 im Rathaus statt, wo Anna Göldi gefangen war. Anwesend waren als Zeugen die Familie Tschudi und als Vertreter des Rates die Ehrenkommission, welche die Untersuchung führte. Allerdings durften sie nur im Abstand von ein paar Metern das Prozedere beobachten. In einem finsteren Raum, der nur durch eine Öllampe beleuchtet war, konnten sie kaum erkennen, was vor sich ging. Beim Kind selbst waren nur zwei Personen: Anna Göldi und Balthasar Tschudi, der Verwandte und Weggefährte von Doktor Tschudi. Laut Kubli-Protokoll trug er das Kind und hielt es «auf den Knien in seinen Armen», während Anna Göldi Annamiggeli mit Gebeten, Beschwörungen und Berührungen behandelte.

Von den schweren Ketten befreit, strich Anna Göldi mit ihren Händen immer wieder über den kranken linken Fuss des Kindes. Dabei stiess sie Verzweiflungsschreie aus und flehte den Herrgott an, er möge ihr beistehen. Der ebenfalls anwesende Doktor Tschudi ermahnte sie, sie solle «um Gottes willen alles tun», um das Kind zu heilen. Nach zwei Stunden brach sie den Versuch jedoch ab. Am andern Morgen glaubte die Mutter zunächst, der linke Fuss sei nun gleich lang wie der rechte. Aber kurz darauf sei er wieder kürzer geworden und habe sich versteift.

Weitere Zeremonien dieser Art wurden im Rathaus am 12. und 14. März 1782 abgehalten. Verzweifelt versuchte Anna Göldi, das Kind zu kurieren, «den Teufel und alles Böse» von ihm zu vertreiben. Sie betastete und drückte den kranken Fuss diesmal noch stärker als bei den vorausgegangenen Versuchen. Trotzdem waren ihre Bemühungen umsonst und führten keine Besserung herbei.

Nachdem die Angeklagte «aufs Schärfste ermahnt» worden war, schlug sie laut Kubli-Protokoll vor, die Heilungsversuche im Haus von Doktor Tschudi fortzusetzen, weil dort «die böse Tat» stattgefunden habe. Diesem Wunsch entsprach die Obrigkeit. Anna Göldi wurde erstmals in der Nacht vom 15. März 1782 ins Haus von Doktor Tschudi geführt – streng bewacht, damit sie nicht entwischen konnte.

Kubli schilderte, wie Anna Göldi die Behandlung des Kindes in der Küche des Doktorhauses begann. Sie soll folgendes gesagt haben: «Komm in Gottes Namen, wenn ich bei den Leuten eine Hex sein muss, so will ich Dir doch helfen und Dir nichts Böses thun.» Sie streckte und drückte den Fuss mehrmals so stark, dass «ein Knellen in dem Bein» zu hören war, so als ob «tannenes Holz verbrennt oder eine Tabakspfeife aus Gips zerbricht». Innert weniger Minuten sei «das linke Beinli» gleich lang gewesen wie das rechte. Dem Kind ging es sichtlich besser.

Weil der geheilte Fuss noch krumm war und das Kind über Beschwerden im Bauch und im Hals klagte, fanden am früheren Dienstort der Magd zwei weitere Behandlungszeremonien statt – die nächste am 17. März 1782. Die Angeklagte schlug als Behandlungsort die Kammer der Magd vor, wo das Kind das besagte Leckerli empfangen hätte. Erneut nahm sie sich des Kindes an, betete mit ihm und berührte sein krankes Bein.

Am Abend des 18. März 1782 fand die letzte Behandlung statt. Die Familie Tschudi und die Ehrenkommission warteten unten in der Stube, während Anna Göldi in der «Mägdenkammer» nach mehreren gescheiterten Versuchen angeblich das «Wunder» vollbrachte.

Im Protokoll heisst es dazu: Als Annamiggeli in die Stube hinuntergekommen sei, hätten die Anwesenden gestaunt und seien sprachlos gewesen angesichts «der gewaltsamen Kunstkraft» der Magd. Für die Tschudis war es wie eine göttliche Fügung – eine Woche vor Ostern, dem höchsten evangelischen Fest, hatte Anna Göldi das Kind geheilt, vom Teufel befreit. Laut Protokoll war das Kind gesund und sprang umher. Die Angeklagte aber machte ein «Geschrei» und flehte, man möge «ihre Bosheit doch verzeihen» und Gnade walten lassen.

Auch vom Gufenspeien konnte Anna Göldi das Kind angeblich befreien. Die Magd stellte in der Küche des Doktorhauses Laxiergetränke, Abführmittel, her und verabreichte sie dem Kind. Das half – wie Doktor Tschudi, der Vater des Kindes, dem Rat berichtete, sei am 29. März 1782 noch eine «gerade Stecknadel» und zwei Tage später eine «gekrümmte Nadel» durch den Stuhl vom Kind gegangen. Dann war Annamiggeli laut Tschudi endgültig geheilt.

Damit hätten alle glücklich sein müssen. Das Mädchen war kerngesund und konnte wieder gehen. Die Angeklagte Anna Göldi geriet hingegen erst recht in eine ausweglose Lage. Der Beweis war erbracht, dass sie über «ausserordentliche und unbegreifliche Kunstkraft» verfügte und Wunder bewirkte.

Hexenprozesse hatten eine eigene Dynamik. Nach dem Denunziationsprinzip konnte jede Person jede andere verklagen. Auch einfache Leute aus dem Volk machten rege davon Gebrauch und setzten Prozesse gegen vermeintliche Hexen in Gang.

Im 18. Jahrhundert gab es immer noch Hexenprozesse, die vom Volksaberglauben inspiriert waren, so zum Beispiel 1701 beim letzten zürcherischen Hexenprozess in Wasterkingen: Die Menschen in dieser kleinen Ortschaft im Zürcher Unterland machten sich gegenseitig für Misswirtschaft und Hungersnot verantwortlich und streuten übereinander die übelsten Gerüchte. Als mehrere Bewohner ihre Nachbarn beim Tanz mit dem Teufel gesehen haben wollten, griff die Obrigkeit durch und verurteilte sieben Frauen und einen Mann wegen Zauberei zum Tode.

Was wir heute als Mobbing bezeichnen würden, spielte auch im letzten Muotathaler Hexenprozess gegen Anna Maria Schmidig (1678–1753) eine wichtige Rolle. Eine ganze Talschaft schien sich gegen die tüchtige Geschäftsfrau verschworen zu haben und dichtete ihr die abenteuerlichsten Geschichten an, ehe sie gefangen genommen und in Schwyz vor Gericht gestellt wurde.

Ganz anders lag der Fall Anna Göldi. Auch er war umstritten und führte zu heftigen Auseinandersetzungen in der Bevölkerung. Aber die Magd aus Sennwald wurde nicht Opfer des Volkszornes. Und es waren nicht vom Aberglauben fanatisierte Angehörige der unteren Gesellschaftsschichten, die gegen die Angeklagte Stimmung machten und ihren Kopf forderten. Treibende Kräfte waren vielmehr die gebildetsten und angesehensten Männer des Landes, Angehörige der aufgeklärten protestantischen Elite. Zwei Mediziner und ein Theologe behaupteten, dass das Kind Annamiggeli Tschudi auf unerklärliche Weise erkrankt sei und dutzendfach Nadeln speie.

Allen voran der Kläger Doktor Tschudi, dessen Worte Gewicht hatten. Seine Dissertation an der Universität Basel vom Jahr 1767 trug in der lateinischen Originalversion den Titel *De Singultu* und sie befasste sich mit dem Schluckauf. Er war ein Fachmann auf dem Gebiet der Magen- und Darmerkrankungen.

Der eigentliche medizinische Experte im Fall Göldi war jedoch Doktor Tschudis Weggefährte Johannes Marti (1745 bis 1819), der mit Tschudi in Basel studiert hatte. Als Doktor Tschudi durch die Vorwürfe des «verbotenen fleischlichen Umgangs» mit Anna Göldi in Bedrängnis kam, leistete ihm Doktor Marti, sein Arzt- und auch Richterkollege, Schützenhilfe.

Experte Marti legte im Fall Anna Göldi zwei Gutachten vor. Im ersten, vom 13. Dezember 1781, ging er auf die Gemütsverfassung des Kindes und die «Verwirrungen seiner Vernunft» ein. Diese Symptome erklärte er mit der Furcht des Mädchens vor den «mörderischen Absichten» der Magd. Zur Ursache des Gufenspeiens führte er aus: Auf welche Weise diese grosse Anzahl von Gufen dem Kind hätten beigebracht werden können, das sei «in der That schwer zu begreifen» und werde niemand besser erklären können als «das Ungeheuer von Magd selbst». In seinem zweiten Gutachten, vom 10. März 1782, nahm Marti zu den Gufenspeianfällen nicht weiter Stellung. Dafür diagnostizierte er bei Annamiggeli Anfälle von Zuckungen, Verwirrungen der Sinne und Ohnmachtsanfälle, während denen die Muskeln und der Mund zitterten. Der linke Fuss des Kindes sei ganz «unbrauchbar, schmerzhaft und contract gegen den Leib gezogen, so dass er mit Gewalt eher würde zu brechen als zu biegen sein».

Medizinische Fachkollegen wie der Richterswiler Arzt Johannes Hotze (1734–1801) kritisierten Marti und bezeichneten den von ihm beschriebenen Krankheitsverlauf als «physisch unmöglich». Hotze vermutete hinter der Angelegenheit «Taschenspielerei» und meinte, ihm komme der Fall in Zeiten, in denen der Glaube an Hexerei und Zauberei überwunden sei, «sehr sonderbar» vor.

In seiner Antwort an Hotze vertrat Marti die Ansicht, es gebe möglicherweise «eine Art Mittelwesen» zwischen guten und bösen Geistern: «Haben wir denn vollkommene Gewissheit davon, ob es nicht in den Luftgegenden eine Gattung von Geschöpfen gibt, die weder gute noch böse Engel, noch Seelen abgeschiedner Menschen, sondern von uns und ihnen unterschiedene Mittelwesen sind, halb Engel, halb Mensch?»

Martis zwei Gutachten waren entscheidend im Hinblick auf die Meinungsbildung des Rates, der den Fall zu untersuchen und zu beurteilen hatte. Marti hatte sich um die Bekämpfung der Pockenepidemie, auch «Kindsblattern» genannt, verdient gemacht und war damals der bekannteste Mediziner im Glarnerland. Wer hätte es wagen dürfen, an der Kompetenz und Unabhängigkeit dieses allseits geachteten Arztes zu zweifeln?

Die noch bedeutendere Persönlichkeit im Anna-Göldi-Prozess war allerdings Camerarius Tschudi, der protestantische

Pfarrer von Glarus, oberste kirchliche Autorität des evangelischen Landesteils. Kritiker warfen ihm vor, er sei in diesem Verfahren Drahtzieher gewesen und habe Regie geführt.

Obwohl der Camerarius mit der Doktorsfamilie eng verwandt und befreundet – und damit befangen – war, nahm er von Anfang an auf den Prozess Einfluss, wusste über die seltsamen Vorgänge im Haus der Tschudis Bescheid, überwachte Zeugeneinvernahmen und war an den nächtlichen Heilungszeremonien beteiligt. Und er verteidigte das Todesurteil gegen Anna Göldi, noch bevor dieses gefällt worden war, wie ein Briefwechsel zwischen dem Camerarius und dem Zürcher Grossmünsterpfarrer Johann Rudolf Ulrich (1728–1795) wenige Wochen vor der Prozessentscheidung zeigt.

In einem Protestschreiben vom 19. April 1782 äusserte Ulrich seine Sorge über Anna Göldi, die eine Angehörige der zürcherischen Herrschaft Sax und Mitglied der zürcherischen evangelischen Kirche war, und forderte Aufklärung über die Entwicklung des Falles. Darum unterbreitete er seinem Glarner Amtskollegen Camerarius Tschudi eine Reihe von Fragen: Ist es wahr, dass es in Glarus Leute gibt, die behaupten, eine gewisse Magd habe einem Kind eine grosse Menge Stecknadeln und eiserne Nägel beigebracht? Ist es wahr, dass auch Männer von Rang und Namen sich von diesem albernen Gedanken leiten lassen? Ist es wahr, dass diese unglückliche Person in Gefahr ist, durch die Hand des Scharfrichters ihr Leben zu verlieren? Es wäre betrüblich, gab sich Grossmünsterpfarrer Ulrich selbst die Antwort, wenn man in unserem aufgeklärten Jahrhundert den Aberglauben wieder erneuern wollte: «Das würde nicht nur Ihrem eignen Hochlöblichen Stande, sondern der gesamten Eidgenossenschaft und insbesondere auch unserer reformierten Kirche vor dem ganzen erleuchteten Europa zur grössten Schande gereichen.»

Mit Schreiben vom 25. April 1782, weniger als zwei Monate vor der Hinrichtung, reagierte Camerarius Tschudi mit scharfen Worten und wies die Vorwürfe des Zürcher Geistlichen zurück. Minutiös schilderte er das Leiden von Annamiggeli und listete die einzelnen Gufenspeianfälle in chronologischer Reihenfolge auf. Der Camerarius berichtete auch ausführlich über die wundersame Heilung des Kindes. Anna Göldi habe den Fuss des Kindes «wie ein Chirurg» behandelt. Sie habe die Gelenke so stark gedrückt, dass es «im Fuss krachte und knallte». Die Zeugen hätten auch gehört und gesehen, wie «elektrische Funken aus dem Fuss herausgefahren» seien. Innert fünf Minuten habe das Kind wieder stehen und innert acht Minuten wieder gehen können. «Das jämmerlich misshandelte Kind ist kuriert und wandelt.»

Ganz im Stil des Exorzisten Johann Joseph Gassner begründete der Camerarius, die Entstehung der Krankheit und die Ursache der Heilung blieben für ihn im Dunkeln und unerklärbar. Und beides sei nicht Einbildung, sondern Realität: «Wie kann man albern sein, wenn man glaubt, was man mit eigenen Augen sieht?» Anna Göldi sei nicht ohne Grund im Gefängnis. Es werde deshalb schwerfallen, die Angeklagte freizulassen. Tschudi bezeichnete Anna Göldi als «Schlange» und als «mörderische Person», die «Verbrechen» begangen habe. Er sprach sich entschlossen gegen jegliche Milde aus, unter dem Deckmantel des Gemeinwohls: «Ich kann auch nicht sehen, wie die Ehre der Protestantischen Religion darunter leide, wenn ein Magistrat durch Wegräumung verderblicher mörderischer Leute die übrigen Mitglieder der Gesellschaft in Sicherheit stellt.»

Kapitel 11 — Der Fall Steinmüller: ein Familienzwist mit Folgen

Der Glarner Schlosser Rudolf Steinmüller stand schon länger im Verdacht, mit Anna Göldi zusammenzuspannen. Er war ihr Vertrauter und dürfte über die Hintergründe des Falles nähere Kenntnis gehabt haben. Und er hatte versucht, die Magd nach ihrer fluchtartigen Abreise aus dem Glarnerland mit einem Schreiben zu warnen.

Steinmüller geriet in eine verhängnisvolle Lage, als das Kind Annamiggeli mit aktiver Unterstützung von Schützenmeister Balthasar Tschudi im März 1782 eine neue Tatversion ins Spiel brachte. Es ging um einen Vorfall, der sich ein halbes Jahr vorher ereignet hatte und jetzt plötzlich in den Mittelpunkt der Anklage rückte: Am Kirchweih-Sonntag des Vorjahres, das war im September 1781, habe das Kind aus einem «Häfeli» ein überzuckertes Leckerli erhalten. Das sei in der Kammer der Magd geschehen, berichtete das Kind, dort sei Rudolf Steinmüller neben Anna Göldi auf dem Bett gesessen. Überdies sei «einer» am Boden «umhengehapet», umhergekrochen, der weder Arme noch Beine gehabt habe. Die Magd habe dem Kind verboten, den Eltern, die ausser Haus gewesen seien, davon zu berichten.

Annamiggeli machte diese Aussage offenbar nicht von sich aus, wie aus dem Protokoll hervorgeht. Im Verlauf der nächtlichen Heilungsversuche legte Schützenmeister Balthasar Tschudi dem Kind die Worte förmlich in den Mund. Tschudi, der bei dieser Zeremonie Regie führte und wie ein Verfahrensleiter auftrat, stellte dem Kind auf seinem Schoss die Fragen, die es vor versammelten Zeugen beantworten musste. Geschickt lenkte er das Gespräch auf den Vorfall im Zimmer der Magd. Auf die Frage von Schützenmeister Tschudi, «Annamiggeli, gib Antwort, wer ist noch da gewesen?», sagte das Kind: «Der Ruodeli Steinmüller.»

Die Leckerli-Episode bestimmte von jetzt an das Beweisverfahren und drängte die Geschichte von den Stecknadeln in der Milchtasse in den Hintergrund.

Ausserdem war der Fall Göldi auch zu einem Fall Steinmüller geworden. Der 59-jährige Schlossermeister soll zusammen mit Anna Göldi dem Kind ein süsses Gebäck verabreicht und auf diese Weise Nadeln und Nägel in den Leib des Kindes «praktiziert» haben. Eine fremde dämonische Gestalt ohne Arme und Beine war angeblich auch dabei. Ein teuflisches Dreierkomplott gegen ein unschuldiges Kind.

Rudolf Steinmüller galt als Provokateur, der aristokratiefeindliche Schriften las und Dinge beim Namen nannte, die andere kaum zu denken wagten. Und er habe die Fähigkeit besessen, geheimnisvolle Mixturen und Chemikalien herzustellen.

Dass Steinmüller plötzlich ins Feld geführt wurde, hatte freilich einen viel naheliegenderen Grund: Zwischen den Familien Steinmüller, Tschudi und Zwicky schwelte ein jahrelanger Zwist, der sich durch die Göldi-Affäre zuspitzte. Dabei ging es nicht um Hexerei und Zauberei, sondern um ganz weltliche und menschliche Dinge – Macht, Ehre und sehr viel Geld.

Die Steinmüllers stammten ursprünglich aus der deutschen Pfalz und schafften, was nur wenigen anderen zugezogenen Familien gelang. Sie stiegen im 18. Jahrhundert zu einer der bedeutendsten und wohlhabendsten Familien des Landes auf und konnten dank ihres Reichtums das glarnerische Bürgerrecht erwerben.

Der prominenteste Vertreter der Familie war Jakob Steinmüller, der Bruder von Rudolf. Jakob Steinmüller machte im Ausland Militärkarriere. Stationiert auf der Pazifikinsel Java erwarb er im Dienst der holländischen Krone Ruhm und Reichtum. Als schwerreicher Mann kehrte er 1759 ins Glarnerland zurück und heiratete die Schwester von Doktor Tschudi. Das Paar hatte zwei Kinder, der Sohn starb jedoch kurz nach der Geburt, 1761 kam die Tochter Anna Maria zur Welt. Sie war die Cousine von Annamiggeli Tschudi, Doktor Tschudi war ihr Onkel.

Noch im gleichen Jahr, in dem seine Tochter zur Welt kam, starb Offizier Jakob Steinmüller im Alter von 43 Jahren. Er hinterliess ein für damalige Verhältnisse gigantisches Vermögen von siebzigtausend Gulden. Zum Vergleich: Die zwischen 1778 und 1781 erbaute Näfelser Barockkirche kostete zwölftausend Gulden.

Vor diesem Hintergrund liegt die Vermutung nahe, dass die Aufteilung von Jakob Steinmüllers Nachlass zu Auseinandersetzungen zwischen den Familien Steinmüller und Tschudi führte. Wie viel erbten die Tschudis? Wie viel die Steinmüllers?

Auch wenn die Aktenlage dünn ist, spricht vieles dafür, dass die Tschudis sich benachteiligt fühlten. Denn Frauen waren damals nicht erbberechtigt, sodass die Witwe von Jakob Steinmüller, Schwester von Doktor Tschudi, das Nachsehen hatte, während der Bruder des Verstorbenen, Rudolf Steinmüller, als nächster männlicher Verwandter wohl Nutzniesser der Erbschaft war. Der Bruch zwischen den beiden Familien Tschudi und Steinmüller war endgültig, als Anna

Maria Steinmüller, Tochter des verstorbenen Jakob Steinmüller und Nichte von Doktor Tschudi, sich von ihren Tschudi-Verwandten abwandte und 1777 Johann Heinrich Zwicky heiratete, der später als letzter Glarner Landvogt in Berneck im St. Galler Rheintal amtete. Er war der Bruder von Doktor Melchior Zwicky, der mit Anna Göldi eine Liebesbeziehung unterhalten und mit ihr ein uneheliches Kind gezeugt hatte. Dadurch wurde Anna Maria Steinmüller die Schwägerin von Doktor Melchior Zwicky und verbündete sich ausgerechnet mit den Gegenspielern der Tschudis, für die diese Heirat eine Provokation gewesen sein muss.

Fünf Jahre später war für die Tschudis die Stunde gekommen, sowohl mit den Zwickys als auch mit den Steinmüllers abzurechnen und Rudolf Steinmüller zum Schweigen zu bringen. Dieser wusste ziemlich sicher, was sich zwischen Anna Göldi und Doktor Tschudi abgespielt hatte, und hätte das jederzeit ausplaudern können. Am 29. März 1782 wurde er bei sich zu Hause in der «Abläsch» verhaftet und in die Henkerskammer des Rathauses gesperrt.

Rudolf Steinmüller kam im Gefängnis auf rätselhafte Weise ums Leben. Das Geld, das er von seinem Bruder Jakob mindestens teilweise geerbt hatte, wurde konfisziert und zur Deckung der hohen Prozesskosten verwendet. In einer Schlussabrechnung wurden alle Einnahmen und Ausgaben des Prozesses fein säuberlich aufgelistet. Unter dem Strich sprang für das Land Glarus sogar ein Gewinn von 754 Gulden heraus (siehe auch Seiten 100f.).

Kapitel 12 — Macht statt Recht: die Frage nach der Gerichtszuständigkeit

Die Gerichte im alten Land Glarus urteilten oft willkürlich. Sie sprachen selbst für einfache Diebstahlsdelikte mitunter die Todesstrafe aus und legten andere Massstäbe als heutige Richter an. Dennoch: Regellos war das Strafverfahren damals mitnichten. Im Gegenteil verfügten Landsgemeindeorte wie Glarus über ein bemerkenswert gut entwickeltes Prozessrecht. Die Bürger achteten darauf, dass ihre Rechte vor Gericht gewahrt wurden, und legten Wert auf Rechtssicherheit.

Dies belegen die umfangreichen Rechtsquellen des Kantons Glarus, das Lebenswerk von Fridolin «Fritz» Stucki (1913 bis 1996), Landamman, Ständerat und juristischer Ehrendoktor der Universität Zürich. Sie enthalten eine Fülle von Rechtssatzungen und Urteilen, Landsgemeinde- und Ratsbeschlüssen, die sich mit der Gerichtsorganisation und dem Gerichtsverfahren befassen. Bereits die ersten Landessatzungen von 1387 enthielten Regeln über das Anwaltsrecht, das Recht auf Vertretung vor Gericht und über die Unbefangenheit und Unparteilichkeit der Richter – traditionell zwei wichtige Säulen des glarnerischen Gerichtsprozesses.

Laut Fridolin Stucki war für ein kleines Gemeinwesen wie Glarus die richterliche Ausstands- und Befangenheitsregelung erstaunlich weit gefasst. Rats- und Landsgemeindebeschlüsse der Jahre 1615, 1630, 1702, 1703 und 1727 bestimmten, dass Verwandte bis zum dritten Grad von Verfahren ausgeschlossen waren, ebenso Personen, «die an einem bestimmten Ausgang des Prozesses ein persönliches Interesse» hatten.

Dazu kam das strenge Verbot der «Richtergängerei», das Verbot jeglicher richterlichen Beeinflussung. Dieses hatte im Land Glarus eine lange Tradition und wurde 1743 und 1750 von der evangelischen Landsgemeinde bekräftigt. Es war den glarnerischen Landleuten strengstens verboten, auf Richter Druck auszuüben oder sie zu bedrängen.

Im Fall Anna Göldi wurden genau diese Konstanten des glarnerischen Verfahrensrechts gravierend verletzt. Obwohl Doktor Tschudi sowohl Angeklagter als auch Kläger war, mischte er sich wiederholt ins Verfahren ein und ergriff vor dem Rat das Wort. Wie auch Zeitgenossen kritisierten, war Doktor Tschudi Partei, Richter, Untersuchungsrichter und Zeuge in einer Person. Und er hatte eine mächtige Lobby von Verwandten und Freunden, die ihn unterstützten und ebenfalls intensiv ins Untersuchungsverfahren eingriffen.

Nicht nur Richter Tschudi hätte zwingend in den Ausstand treten müssen, sondern auch sein Bruder Peter Tschudi, Schützenmeister Balthasar Tschudi, der Camerarius sowie Doktor Johannes Marti. Letzterer hatte als Gutachter, auch «Kundschafter» genannt, dieselben strengen Unparteilichkeitsvoraussetzungen wie ein Richter zu erfüllen. Als Studienfreund und Amtskollege von Doktor Tschudi hätte Marti nie und nimmer als medizinischer Experte tätig sein dürfen.

Über alle diese fundamentalen Verfahrensvorschriften setzten sich die Tschudis und ihre Gefolgsleute hinweg, sie überwachten die Zeugeneinvernahmen, führten bei den nächtlichen Heilungszeremonien Regie und bestimmten über weite Strecken den Gang des Verfahrens – bis hin zur Fällung des Todesurteils. Obendrein verstiessen sie wiederholt und massiv gegen das Verbot der Richtergängerei. Mehrmals organisierten die Tschudis gemeinsam mit Dutzenden Verwandten und Freunden Aufmärsche, tumultartige Aktionen vor und sogar im Rathaus, um auf das Gericht Druck auszuüben und den Fortgang des Verfahrens vor dem evangelischen Heimgericht zu erzwingen.

Besonders umstritten war die Frage der Gerichtszuständigkeit. Welches Gericht sollte über die Hauptbeteiligten Anna Göldi und Doktor Tschudi urteilen? Am Ende entschied auch in dieser Frage die Macht und nicht das Recht.

Dazu wird hier nochmals auf folgende historische Hintergründe eingegangen: Das Land Glarus war infolge der Glaubensreformation religiös gespalten und bestand seit dem 17. Jahrhundert aus zwei Staatswesen, einem katholischen und einem reformierten Landesteil. Beide Landesteile waren souverän. Sie hielten ihre Landsgemeinden unabhängig voneinander ab und verfügten über separate Behörden, Räte und Gerichte. Zusätzlich gab es eine gemeine Landsgemeinde sowie gemeine Räte und Gerichte in Angelegenheiten, die beide Konfessionen betrafen. In den gemeinen Behörden waren Reformierte und Katholiken je zur Hälfte vertreten.

Der Landesvertrag von 1683 regelte das rechtliche Verhältnis zwischen den beiden Religionsparteien, liess jedoch die Frage der gerichtlichen Zuständigkeit für «landsfremde Personen» offen. Anna Göldi war keine Glarnerin, sondern Angehörige der zürcherischen Herrschaft Sax. Das löste Diskussionen um die Frage aus, welches Gericht zuständig sei.

Im Fall Göldi setzten sich die Tschudis von Anfang an dafür ein, dass der evangelische Rat als Strafbehörde zum Zug kam und nicht der gemeine Rat, in dem auch die Katholiken sassen. Sie begründeten ihre Haltung damit, dass sich der Fall im evangelischen Landesteil abgespielt habe und die Hauptbeteiligten, allen voran Doktor Tschudi und Anna Göldi, evangelischer Konfession seien.

Die Katholiken verhielten sich zögerlich und widersprüchlich. Verständlicherweise wollten sie sich lieber nicht auf diesen hochproblematischen und tückischen Rechtshandel, «dieses missliebige Geschäft» einlassen. Doch formell hielten sie an der Zuständigkeit des gemeinen Rates fest und wiesen mehrmals auf die bisherige Gerichtspraxis bei «fremden Personen» hin.

Laut den Ratsprotokollen beriefen sich die Katholiken auf die «ununterbrochene Übung», auf die «Beibehaltung der bisherigen Übung» und die «gemeinsame Judikatur beider Religionen». Noch am 14. März 1782 machten die Katholiken den evangelischen Rat erneut darauf aufmerksam, er müsse sich an die Verträge halten und sei «pflichtig», Anna Göldi als eine «fremde Person» zu behandeln und «der gemeinsamen judicatur beider religionen» zuzuführen.

Diese Regelung hatte, wie aus den Protokollen ebenfalls hervorgeht, einen bedeutenden staatspolitischen Zweck: Das konfessionell gespaltene Land Glarus sollte nach aussen vereint und geschlossen auftreten. Konkret: Bei Beteiligung von fremden Personen sollte Landesinteresse über den Partikularinteressen der beiden Konfessionen stehen.

Interessant ist, dass die Reformierten dieser juristischen Lagebeurteilung der Katholiken keineswegs widersprachen. Sie machten zwecks Beschleunigung des Verfahrens einzig Zeit- und Kostendruck geltend.

Und sie unterstützten ihre Forderung nach Aburteilung durch das eigene Gericht wiederum mit spektakulären Aufmärschen. Mit Drohungen und Einschüchterungen, die schon nach altem glarnerischem Recht klar regelwidrig waren, rissen die Tschudis das Gerichtsverfahren im Fall Göldi an sich und stellten nicht zuletzt auch die Gegnerschaft auf protestantischer Seite vor vollendete Tatsachen.

Dabei ging es Doktor Tschudi stets um sein persönliches Interesse. Mit allen Mitteln wollte er von den Ehebruchsvorwürfen entlastet werden und forderte amtliche Abschriften, die seine Unschuld bezeugten. Es ist naheliegend, dass er einen solchen Persilschein von den Katholiken wohl kaum bekommen hätte.

Die Fakten lassen heute nur einen Schluss zu: Die Angeklagte wurde sowohl durch ein nicht zuständiges Gericht als auch in einem klar rechtswidrigen Gerichtsverfahren zum Tode verurteilt.

Diese Auffassung vertrat bereits Bundesrat Joachim Heer (1825–1879), der im Jahr 1865 den Hexenprozess als gründlicher Kenner des glarnerischen Rechts kritisch beleuchtete und im ersten Jahrbuch des Historischen Vereins des Kantons Glarus von «Justizmord» sprach. Weil Anna Göldi eine Fremde war, hätte nach «konstanter Übung» die gemeine Judikatur beider Religionen zum Zug kommen sollen.

In einer bemerkenswerten Serie von *Der Schweizerische Beobachter* aus dem Jahr 1971 befasste sich auch der bekannte Zürcher Strafrechtsprofessor Peter Noll (1926–1982) mit den rechtlichen Aspekten des Falles und kam zu einem klaren Ergebnis: «Das Verfahren gegen Anna Göldi war, selbst nach den Massstäben des Rechts der damaligen Zeit gemessen, mit schweren Fehlern behaftet: Das Gericht war nicht zuständig, es unterlag dem Einfluss und den dauernden Interventionen eines Prozessbeteiligten, und die Untersuchung der Krankheitssymptome bei Anna Maria Tschudi war oberflächlich und von Vorurteilen geleitet.»

Darauf beriefen sich sodann Regierung und Landrat des Kantons Glarus, als sie 2008 in einem denkwürdigen Akt die Rehabilitierung von Anna Göldi beschlossen. Anna Göldi sei Opfer staatlicher Willkür geworden und unschuldig zum Tode verurteilt worden, hielten sie in Übereinstimmung mit der bis heute gültigen Geschichtsschreibung fest.

Davon weicht bislang einzig das im Jahr 2019 erschienene Jahrbuch 99 des Historischen Vereins des Kantons Glarus ab. Es steht deutlich im Widerspruch zum eigenen Pionierwerk von 1865, bei dem die beiden grossen Glarner Rechtshistoriker Joachim Heer und der spätere Bundesgerichtspräsident Johann Jakob Blumer (1819–1875) federführend waren.

Der Autor im Jahrbuch von 2019 kommt zum überraschenden Schluss, der Göldi-Prozess und insbesondere die gerichtliche Zuständigkeit des evangelischen Rates sei in verfahrensrechtlicher Hinsicht nicht zu beanstanden. Er weist auf die Lückenhaftigkeit der Landesverträge hin und folgert daraus, jeder Landesteil habe über seine Gerichtsbarkeit selbständig entscheiden können. Entsprechend lautet der Titel des Beitrages: «Der evangelische Rat urteilte über Anna Göldi – und war dazu legitimiert.» Sein Verfasser konkretisiert in einem Interview vom Sommer 2020: Es sei heikel, von Justizmord zu reden, «es war sicher ein Prozess, der nach damaligen Regeln ablief.»

Diese These ist nicht nur neu, sie wirkt auch irritierend. Der Autor legt bereits bekannte Fakten breit aus, geht aber auf die juristischen Kernfragen, die gerichtliche Praxis und Prozessregeln des altglarnerischen Rechts, nur am Rande ein. Er liefert keine Argumente, welche die Darstellung des berühmten Experten Joachim Heer im ersten Jahrbuch entkräften und als juristische Fehleinschätzung erklären würden. Im Gegenteil scheint Heers Analyse des Hexenprozesses nach wie vor klar und überzeugend.

Dabei gab es noch weitere gravierende Verfahrensverstösse im Göldi-Prozess, die hier nur stichwortartig aufgeführt werden sollen: Anna Göldi hatte bis zum Schluss keinen Rechtsvertreter, obwohl der Beistand eines solchen von Anfang an durchaus üblich war. Die Folterungen waren schon abgeschlossen und die Würfel gegen Anna Göldi gefallen, als der evangelische Rat an seiner letzten Sitzung vom 6. Juni 1782 noch eiligst Ratsherr Georg Zopfi zum Verteidiger der Angeklagten bestellte. Dieser konnte nur noch um Gnade bitten – vergeblich.

Zudem fehlte es an einer rechtlichen Grundlage für die Verurteilung der Angeklagten. Das Untersuchungsverfahren drehte sich ausschliesslich um die «unerklärliche» und durch «übernatürliche Kräfte» verursachte Krankheit von Annamiggeli. Doch den Tatbestand der Zauberei oder Hexerei kannte das glarnerische Recht des 18. Jahrhunderts nicht und er wurde von den Gerichten auch nie angewandt. Auch auf diesen entscheidenden Punkt wies der Jurist Peter Noll hin.

Dass das Todesurteil gegen Anna Göldi vor Recht und Gerichtspraxis des Landes Glarus nicht standhielt, war den Zeitgenossen bewusst und sorgte damals für Kritik. Die evangelische Landsgemeinde vom 30. April 1783 – ein Jahr nach der Hinrichtung von Anna Göldi – fasste zwar in der Sache keinen Beschluss. Sie hielt aber in einer Grundsatzerklärung vielsagend fest, dass in künftigen Fällen, die «Gott gnädigst verhüten wolle», die Rechtsordnung des Landes Glarus, das «Stand-Recht», strikt einzuhalten und ein korrektes Gerichtsverfahren durchzuführen sei.

Zur Frage der gerichtlichen Zuständigkeit äusserte sich zudem der Ulmer Rechtshistoriker Michael Afsprung (1748 bis 1808) im Jahr 1784, nachdem er das glarnerische Justizsystem vor Ort erkundet hatte. In seinem Hauptwerk *Reise durch einige Cantone der Eidgenossenschaft* kommt der Beobachter mit Blick von aussen zum Schluss, dass die konfessionellen Räte über Kriminalfälle der glarnerischen Landleute urteilen, während «der gemeine Rat die Zivil- und Kriminalgerichtsbarkeit über Fremde» ausübe. Auch das ist ein klarer Hinweis auf die gemeine Gerichtsbarkeit bei «Fremden» wie Anna Göldi, die keine Glarner Landleute waren.

Dass der Göldi-Prozess nicht rechtskonform und vor einem nicht zuständigen Gericht abgewickelt wurde, ist heute dank einer einzigartigen Aktenlage schlüssig belegt. Nie zuvor ist behördliche Willkür in einem Hexenprozess derart ausführlich dokumentiert worden, was dem Fall einen geradezu exemplarischen Charakter verleiht. Mit einer klaren Schlussfolgerung: Wäre der Prozess nach den Regeln des altglarnerischen Rechts abgelaufen, hätte das Verfahren ein anderes Ende genommen: Anna Göldi und notabene auch der mitangeklagte Rudolf Steinmüller wären am Leben geblieben.

Kapitel 13 — Bartholome Marti: der mächtige Macher

Die Tschudis gingen nicht nur mit dem katholischen Rat unzimperlich um. Auch in eigenen protestantischen Reihen war ihnen jedes Mittel recht, um Widerstand auszuschalten. Bei der Besetzung des Gerichtsvorsitzes im Göldi-Prozess zogen sie alle Register, um zwei gegnerische Kandidaten auszubooten und einen Mann ihres Vertrauens zum Leiter des gerichtlichen Verfahrens gegen Anna Göldi zu küren: Bartholome Marti (1715–1786), Altlandammann des evangelischen Landesteiles und Generalmajor, wegen seiner Machtfülle von den Leuten respektvoll «General» genannt. Er war nach Doktor Tschudi, dem Camerarius und Doktor Marti der Vierte im Bund der mächtigen Männer, die dem Hexenprozess den Stempel aufdrückten.

Der ehemalige Landammann galt als Macher und Politiker mit Durchsetzungskraft. Nebst seiner Amtstätigkeit war er im Soldgeschäft aktiv. Marti hatte von der Landsgemeinde die Erlaubnis, einheimische Soldaten für Kriegsdienste in fremden Ländern anzuwerben. Er war einer der einflussreichsten Soldunternehmer und machte vor allem mit seinen Kompanien in Holland gute Geschäfte. Bereits 67-jährig, nahm er im Fall Anna Göldi die Zügel in die Hand.

Die Ausübung des obersten Richteramtes durch einen Landammann, den höchsten Politiker des Landes, würde heute als krasse Verletzung des Rechtsstaatlichkeits- und Gewaltenteilungsprinzips gewertet. Damals jedoch gehörte dies zum Justizalltag. Der Vorsitzende der obersten Exekutivbe-

Bartholomè Marti (1715–1786)

hörde vereinigte auf sich die ganze Machtfülle des ständischen Herrschaftsstaates. In Straffällen vertrat er die Anklage, leitete die Untersuchung und präsidierte das Gericht, das über Schuld und Unschuld, über Leben und Tod der Angeklagten entschied. Er war höchster Ankläger, höchster Ermittler und höchster Richter des Landes in einer Person.

Martis Ernennung zum Verfahrensleiter im Göldi-Prozess war in den eigenen Reihen trotzdem heftig umstritten. Er stand gar nicht als Erster, sondern erst als Dritter zur Wahl. Vor ihm hätten der amtierende Landammann Johann Heinrich Tschudi (1728–1783) und der nächstfolgende ehemalige Landammann Cosmus Heer (1727–1791) zum Zug kommen sollen. Doch die Tschudis lehnten die beiden erstrangigen Magistraten wegen Befangenheit und Interessenkollision ab und behaupteten, sie seien keine unabhängigen Richter, sondern durch Verwandtschaft mit den Zwickys, den Gegenspielern der Tschudis, vorbelastet.

Wenn es um ihre eigenen Interessen ging, kümmerten sich die Tschudis zwar nicht um die Regeln des richterlichen Ausstandes, bei ihren Gegenspielern achteten sie aber genau darauf. Obwohl der Landammann Tschudi hiess, war er aus der Sicht der Tschudis kein Mitglied ihrer Familie, sondern ein Zwicky. Die Frau von Landammann Tschudi, Verena Zwicky, war die Tante von Doktor Melchior Zwicky, des früheren Liebhabers von Anna Göldi. Deshalb kam der Landammann für die Tschudis als Gerichtsvorsitzender nicht infrage.

Auch den ehemaligen Landammann Cosmus Heer lehnten die Tschudis als Verfahrensleiter ab, obwohl er nur ein entfernter Verwandter der Zwickys war, nämlich ein Cousin von Dorothea Trümpy, der Grossmutter von Doktor Melchior Zwicky. Der Hauptgrund für die Ablehnung lag wohl darin, dass Heer die Angeklagte für unschuldig hielt und im evangelischen Rat für sie Partei ergriffen hatte.

Eine bizarre Debatte: Denn der von den Tschudis auf den Schild gehobene Bartholome Marti war alles andere als unparteiisch und unabhängig. Er war verwandt mit Doktor Johannes Marti, dem medizinischen Gutachter im Fall Göldi. Dessen Vater war ein Cousin des «Generals». Zudem waren Bartholome Marti und die Tschudis befreundet. Als an der Landsgemeinde 1775 mehrere Bürger die Missbräuche der fremden Kriegsdienste anprangerten und verschiedene Soldunternehmer – darunter auch Bartholome Marti – als «Seelenverkäufer» beschimpften, schlugen sich die Tschudis auf die Seite von Marti und seiner Gefolgsleute.

Sieben Jahre später wurde «General» Marti zur Schlüsselfigur im Gerichtsprozess gegen Anna Göldi. Bis zur polizeilichen Ausschreibung im Dezember 1781 gaben sich die glarnerischen Behörden zurückhaltend und zeigten wenig Interesse, sich um den Fall zu kümmern. Dieser drohte sogar zu versanden und wie so viele andere Fälle eingestellt zu werden. Das änderte sich im Frühjahr 1782, als der gewiefte Politiker und Macher Marti auf den Plan trat. Kaum war er im Amt, ging er forsch ans Werk und trieb das ins Stocken geratene Verfahren zielstrebig voran. Mit Rückendeckung des evangelischen Rates, aber ohne die erforderliche Zustimmung des katholischen Rates setzte er Ende Februar 1782 zwei Untersuchungsrichter, sogenannte Examinatoren, ein: Säckelmeister Jost Heiz (1737–1800), oberster Finanzverantwortlicher von Evangelisch-Glarus, sowie Jakob Altmann (1720 bis 1801), ehemals eidgenössischer Landvogt im Tessin. Zudem liess er – ebenfalls ohne Konsultation der Katholiken – Rudolf Steinmüller verhaften, erteilte den zweiten medizinischen Gutachterauftrag an Doktor Marti und ordnete die nächtlichen Heilungszeremonien an. Marti bestellte auch die Scharfrichter: Für die gütlichen Verhöre Franz Leonhard Volmar (1734–1785) von Fischhausen bei Kaltbrunn, der seinen 19-jährigen Sohn Franziskus (1763–1831) zur Erlernung des Henkerberufes beiziehen durfte. Franz Leonhard Volmar war von Beruf Wasenmeister, zuständig für die Entsorgung von Tierkadavern. Bei der peinlichen Befragung, der Folterung, kam der besser ausgebildete Neffe des Scharfrichters von Fischhausen, der erst 33-jährige Johann Jakob Volmar (1749 bis 1808), Scharfrichter von Wil, zum Einsatz. Er war im Hauptberuf Chirurg, spezialisiert darauf, Menschen zu heilen und zu töten.

Kapitel 14 — Die Folterung von Anna Göldi und der Tod von Rudolf Steinmüller im Gefängnis

Die Einvernahmen der Angeklagten gingen – ganz nach dem Schema eines typischen Hexenprozesses – in drei Stufen vor sich. Sie begannen mit den «gütlichen Verhören», bei denen keine Gewalt angewendet wurde. Darauf folgten die «Schreck- oder Terrizexamina»: Der Scharfrichter beziehungsweise Henker, wie die ältere Bezeichnung lautete, führte den mit zusammengebundenen Händen auf einem Stuhl sitzenden Angeklagten die Folterwerkzeuge vor, Stricke, Feuerzange etc. Diese Untersuchungsmethode war damals bei schweren Straftaten üblich. Durch die Drohung mit der Folter sollte den Angeklagten ein Geständnis abgerungen werden, das seit der Einführung des Strafgesetzbuches Constitutio Criminalis Carolina 1532 als entscheidender Schuldbeweis galt, als Krone des Beweises. Führten die Schreckexamina nicht zum Ziel, folgten die «peinlichen Verhöre», die gefürchtete «Tortur». Der Scharfrichter folterte die Angeklagten so lange, bis sie ein vollständiges Geständnis ablegten. Die Einvernahmen oder Verhöre gingen streng geheim vor sich. Alle am Verfahren beteiligten Personen mussten schwören, über das Verfahren Stillschweigen, «Silentium», zu bewahren.

Das erste gütliche Verhör von Anna Göldi fand am 21. März 1782 statt und dauerte vier Stunden. Die Angeklagte erzählte von ihrem Leben und beteuerte, sie wisse nicht, wie die

Stecknadeln in die Milch von Annamiggeli gekommen seien. Sie habe die Gegenstände nicht in die Milchtasse gelegt.

Auch Rudolf Steinmüller betonte in den gütlichen Verhören vom 30. und 31. März seine Unschuld und sagte, er habe keine Ahnung, weshalb er überhaupt angeklagt sei. Er habe sich nie im Haus von Doktor Tschudi aufgehalten, auch nicht am «Kilbi-Sonntag», wie Annamiggeli behauptet hatte. An jenem Tag sei er morgens in der Kirche und dann zu Hause gewesen. Die Mitangeklagte Anna Göldi nahm er in Schutz, stets habe er sie für eine «ehrliche» Person gehalten und nie etwas «Unanständiges» über sie gehört.

Steinmüllers Lage verschlechterte sich, als Anna Göldi am 4., 5. und 6. April 1782 unter Folterandrohung drei Schreckexamina unterzogen wurde. Die stundenlangen Verhöre und die Angst vor der Folter zeigten Wirkung. Beim zweiten Terrizexamen belastete sie Steinmüller mit der Aussage, er habe ihr das Leckerli gegeben. Diese Aussage widerrief sie bei einer Gegenüberstellung mit ihm und bat um Verzeihung. Der Schlossermeister beklagte sein Leid und sagte, er werde für die Angeklagte beten. Im dritten Verhör hielt sie an dieser Version fest und sagte zu Steinmüllers Entlastung, der Teufel müsse es gewesen sein.

Am 11. und 13. April sowie am 6. Mai 1782 musste Anna Göldi drei schwere Folterungen erdulden, sogenannte peinliche Verhöre. Dabei kam die gefürchtete Zug- oder Streckfolter zur Anwendung: Der Scharfrichter band der Angeklagten die Hände auf dem Rücken zusammen und befestigte daran einen Haken, an dem die Gemarterte mit ausgerenkten Armen an einem Seil hochgezogen wurde. Um ihr noch stärkere Schmerzen zuzufügen, band man ihr einen schweren Stein an die Füsse.

Es ist klar, dass Anna Göldi unter entsetzlichen Qualen immer wieder ihre Aussagen änderte und widersprüchliche Zugeständnisse machte. Einmal belastete sie den Teufel, dann den Mitangeklagten Steinmüller und schliesslich sich selbst. Bei der ersten Folter sagte sie aus, der «böse Geist», der «Teufel», sei ihr zu Hilfe gekommen, nachdem sie ihn angerufen habe. Er habe ihr auch geholfen, das Kind zu heilen. Doch bei der zweiten Folter änderte sie ihre Darstellung und bestätigte die Behauptung von Annamiggeli, Steinmüller sei in der Kammer gewesen und habe das Leckerli gebacken, das sie dem Kind gegeben habe. Im dritten Verhör nahm sie die Vorwürfe wieder zurück und die Schuld auf sich. Sie habe dem Kind Gufen in die Milch gelegt.

Der junge Landschreiber Johann Melchior Kubli, der das Protokoll führte und Augenzeuge der Folterung war, schien selbst an die Grenzen seiner psychischen Belastbarkeit zu kommen. Jedenfalls zeigte er Mitgefühl für die Gefolterte und protokollierte am Schluss des dritten peinlichen Verhörs: «Endlich ist die Göldin des Folters entlassen, matt und hart zugerichtet wieder in den neuen Thurm gethan worden.»

Inzwischen geriet auch Steinmüller in immer grössere Bedrängnis. Beim ersten Terrizexamen vom 16. April 1782 wurde ihm mit der Folter gedroht für den Fall, dass er nicht die Wahrheit sage. Steinmüller gab resolut zur Antwort, er sei ein «altes Männlein». Und er drohte den Behörden: Sollten «durch die Peinigung seine Glieder verderbt und zur Arbeit unbrauchbar gemacht werden», werde er die Obrigkeit dafür verantwortlich machen. Er sei «ganz unschuldig» und «sein Gewissen unbefleckt».

Im Kreuzverhör vom 3. Mai 1782 kam es zu heftigen Auseinandersetzungen zwischen Anna Göldi und Steinmüller.

Dieser geriet in Rage und warf den Examinatoren vor, sie glaubten eher dem «Höllenhund», wie er Anna Göldi nun nannte, als ihm, dem ehrlichen und frommen Mann. Zornig fügte er hinzu: Die Behörden würden es vor dem Jüngsten Gericht bereuen, dass sie wegen dem «Luder» eine solche Schande über ihn gebracht hätten. Bei einem weiteren Kreuzverhör mit Anna Göldi wurde er so wütend, dass er ihr einen Schuh entgegenwarf. Seine Frau Dorothea hatte ihm geraten, energischer gegenüber Anna Göldi aufzutreten. Sie schickte ihrem Ehemann einen Brief ins Gefängnis (1783 abgedruckt im zweiten Heft des Journalisten Lehmann über den Hexenhandel): «Lieber Ehemann, Gott stärke und tröste dich in deinem Jammer und helfe dir in Gnaden, deine Unschuld zu retten. Nur bedaure deine Einfalt, dass du mit dem verfluchten Luder noch so unverantwortlich höflich (...) umgehen kannst. Das ist Schuld, warum du noch in Arrest sitzen musst.»

Am 6. Mai 1782 schickten die Behörden zwei angesehene Verwandte von Steinmüller zu diesem ins Gefängnis. Sie sollten ihn dazu drängen, die Wahrheit zu sagen und seine Schuld einzugestehen. Auf diese Weise könne er sich am ehesten aus der verzwickten Lage befreien. Im anschliessenden Verhör gab sich Steinmüller geständig und schilderte, wie er das Leckerli zubereitet hatte.

Das ging laut Steinmüller so vor sich: Er hatte Stahlspäne benützt und aus einem Stein gelbe Körner «wie von einem Strahlstein» herausgeschlagen. Dann nahm er «gebranntes Vitriol», ein gemischtmetallisches Salz, das grösstenteils aus Eisen besteht und eine grünbräunliche Farbe aufweist. Dieses Vitriol vermischte er mit Mehl, Gips und Honig und backte daraus auf einem Kohlenfeuer ein «Teigli». Schliesslich überstrich er das Gebäck mit Eiweiss und verzuckerte es.

Der Wirkung des Leckerlis sei er sich bewusst gewesen. Es habe aus «Stahlfeileten», gebranntem Vitriol und Steinpartikeln bestanden und nach seiner Vermutung das Gufenspeien des Kindes verursacht.

Am Morgen des folgenden Tages, also am 7. Mai, bekräftigte Steinmüller das Geständnis und wiederholte, wie er das Leckerli hergestellt habe. Doch am Nachmittag widerrief er sein Geständnis und bezeichnete sich als unschuldig. Am 9. Mai blieb er bei seiner Unschuldsbezeugung und sagte, dass er von allem nichts wisse. Noch am Nachmittag des gleichen Tages, durch die langen Verhöre «mürb» geworden, bestätigte er die Version von Annamiggeli bezüglich des Vorfalles im Haus von Doktor Tschudi. Am 11. Mai musste Steinmüller erneut zum Verhör, bei dem ihm die Examinatoren heftige Vorwürfe machten. Man könne ihm nichts glauben, weil er am Anfang alles geleugnet habe und jetzt ständig die Meinung ändere. Sie räumten ihm noch einen Tag Bedenkzeit ein, um die Widersprüche in seinen Aussagen aufzuklären. Ansonsten müsse die Folter die Wahrheit ans Licht bringen.

Als der Gefängnisaufseher ihm am Morgen des 12. Mai das Frühstück brachte, lag Steinmüller tot in seiner Zelle. Nach offizieller Darstellung hatte er sich mit dem Leintuch an der vergitterten Zellentür erhängt. Zu diesem Schluss kam Johannes Marti, der als Arzt auch im Todesfall von Steinmüller beigezogen wurde. Weil eine unabhängige Untersuchung des gewaltsamen Todes von Steinmüller unterblieb, entstand das Gerücht, Steinmüller sei ermordet worden. Möglicherweise wusste Steinmüller zu viel über die Hintergründe des Falles und auch über die Tschudis, mit denen er verschwägert war. Diese mussten befürchten, Steinmüller würde unter Folter gegen sie aussagen.

Der evangelische Rat blieb bei der Version, es sei Selbstmord gewesen, und entschied, dass der Leichnam des «Vergifters» Steinmüller dem Scharfrichter zu übergeben sei. Dieser solle ihm die rechte Hand abschlagen, sie an den Galgen nageln und den Toten beim Hochgericht verscharren – «ihm zur wohlverdienten Bestrafung und andern zum abschreckenden Exempel». Zudem beschloss der Rat, die im Haus von Steinmüller gefundenen «Rezeptschriften» durch den Scharfrichter verbrennen zu lassen sowie das gesamte Vermögen von Steinmüller und seiner Frau Dorothea, geborene Trümpi, zu beschlagnahmen und dem evangelischen Landessäckel zuzuführen.

Es ist eines der zynischsten Kapitel des Göldi-Falles: Das umfangreiche Vermögen von Rudolf Steinmüller wurde zur Finanzierung des Verfahrens verwendet. Die Begründung dafür lautete, Steinmüller habe mit seinem Selbstmord die Wahrheitsfindung vereitelt und trage die Hauptschuld an den aussergewöhnlich hohen Prozesskosten.

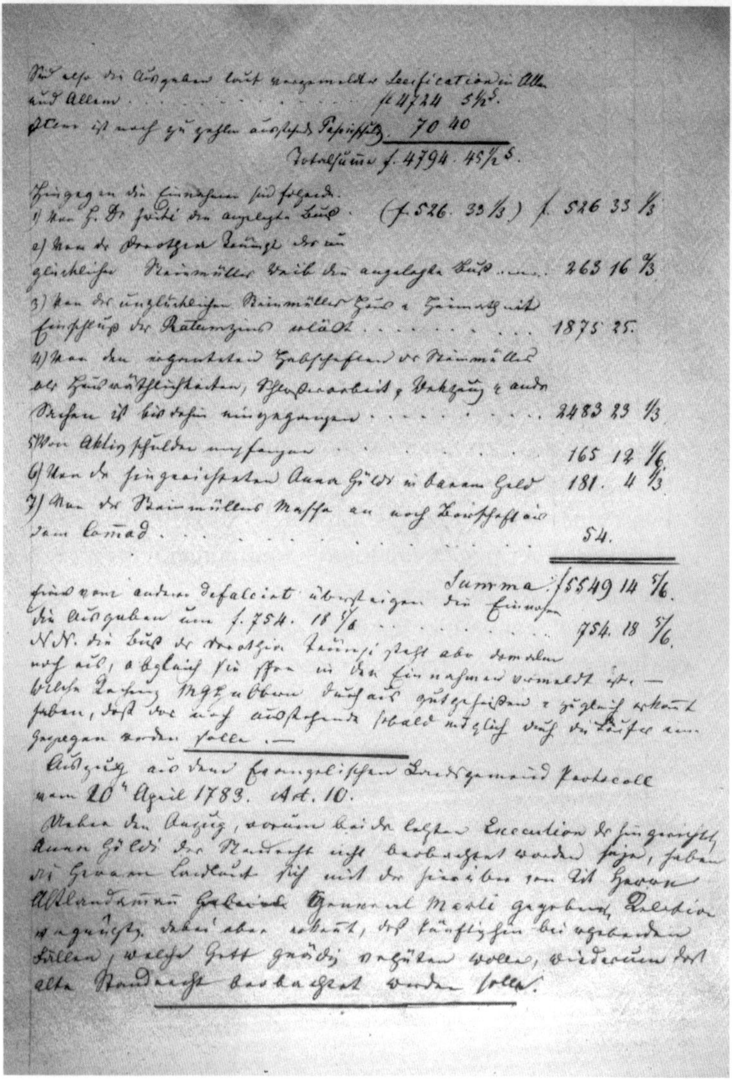

Akte zum Prozess von 1782, erstellt durch den evangelischen Rat des Landes Glarus. Sie zeigt die Kostenabrechnung des Anna-Göldi-Prozesses. Seckelmeister Jost Heiz war Untersuchungsrichter im Fall Göldi und zugleich oberster Finanzverantwortlicher von Evangelisch-Glarus. Zur Prozessfinanzierung wurden u. a. das Vermögen von Rudolf Steinmüller und Bargeld von Anna Göldi konfisziert. Am Schluss resultierte für das Land Glarus ein Reingewinn von 754 Gulden.

Ausgaben			
Reisekosten, Gefangennehmung, Läufer Blumer, Läufer Weber, Heer, Joh. Luchsinger, Jakob Leuzinger, Harschier von Sargans	295	18	⅔
100 Kronentaler für den Toggenburger Züblin von Degersheim	263	16	⅔
Missiven, Examen, Visa et Reperti, Steckbriefe	309	25	
« Es ertragen also die sämtlichen Kosten von der Entweichung der Anna Göldi bis zu ihrer gefänglichen Einbringung laut obenstehender Spezification»	868	10	⅓
«Laut dem 2. Kostentax nemlich von der Zeit der Einziehung der Anna Göldi bis zum Auslauf des ganzen Handels, da die Göldin zum Tod verurteilt worden, belaufen sich die sämtlichen Kosten laut spezifizierlichen Rechnung, ohne die Scharfrichterkosten in allem auf»	795	32	
Latus	1663	42	⅓
Zwei Scharfrichter, Soldaten und Helebardiere	314	26	½
Denen zwei christlichen Herren	26	16	⅔
Läufer Webers Reise nach Forsteck, den Zeitungsschreibern	9	05	⅓
Jedem Herrn und Bedienten (57) à 1 neue Dublone	598	25	
Kosten der Gant von Steinmüller	895	08	⅙
Schulden Steinmüller an Seckelmeister Zwicki	897	21	⅔
div. Schulden von Steinmüller	298	26	⅔
Latus	3039	30	
Trinkgelder, Trägerlohn	16	48	⅙
Seckelmeister für die Rechnung	3	10	
Läufer	25		
3. Latus	20	33	⅙
Item ist noch zu zahlen ausstehende Passivschuld	70	40	
Summe	4794	45	½

Einnahmen			
Busse von Dr. Zwicki	526	33	⅓
Busse von Fr. Dorothea Trümpy (Steinmüllers Frau)	263	16	⅔
Steinmüllers Haus und Heimat samt Zins	1875	25	
Gant von Steinmüllers Hausrat, Schlosserarbeiten, Werkzeug	2483	23	⅓
Aktivschulden empfangen	165	12	⅙
Bargeld Anna Göldi	181	4	⅓
Bargeld aus der Kommode von Steinmüller	54		
Summe	5549	14	⅚

Das ergibt			
Einnahmen	5549	14	⅚
Ausgaben	4794	45	½
Differenz	754	18	⅚

Kostenabrechnung des Anna-Göldi-Prozesses, transkribiert und zusammengefasst. Währungen: 1. Spalte: Gulden, 2. Spalte: Schilling (50 Schilling = 1 Gulden), 3. Spalte: Teil von Schilling

Die Folterprotokolle im Wortlaut

Nachstehend sind einzelne Folterprotokolle im Wortlaut wiedergegeben. Sie umfassen die drei Schreck- oder Terriz-examina, in denen Anna Göldi unter Vorzeigen der Folterwerkzeuge ein Geständnis abgerungen werden sollte, sowie die drei «peinlichen Verhöre».

Erstes Terriz Examen vorgenohmen mit der Inhaftierten Anna Göldin actum Montags den 4. aprill 1782. Vor Mittag, und nachmittag.

Aller erstens hat man den Scharpfrichter vorkommen lassen, und Jhmme die ursache seiner anhero berufung eröfnet, auch die anfrage an Jhnne gethan, ob Er bey mehreren dergleichen Anlässen gebraucht worden seye, und nachdemme solcher in antworth gegeben, dass Er schon einniche folterungen verrichtet habe, Zwarn noch nie keinen Geschäft, wie das gegenwärtige seye, dannoch aber glaube, dass mann von erst an mit denen gewohnlichen Torturen fürfahren und probieren müsse, wie weit mann darmit komme, so hat mann dem Scharpfrichter befohlen, dass Er anjezo in dem Gang ussen sich stellen solle, wo die arrestantin vor Jhmme vorbeygeführt werde, jndessen ist dem Scharpfrichter auf sein bitten begünstiget worden dass Er seinen bey sich habenden 19. Jahr alten Sohn /: der auch gerne zusechen und lehrnen möchte, wie die sachen zugehen: / mitnehmen dörfe. Jedoch dass beÿ allen vorkommenden Verrichtungen Sie bejde das geheimste Still schweigen zubeobachten, auf die ernsthafteste Weis ermahnet und befelchnet seÿn sollen. Darauf ist die Anna Göldin aus Jhrem arrest vor dem Scharpfrichter vorbey und in die Rathsstuben hineingeführt, auch der Scharpfrichter selbsten in die Rathsstuben hinein beruffen worden, welcher sich neben die Anna Göldin gestellet hat.

Fr: Worauf bemelte Anna Göldin gefraget worden, kenst du den Mann der Neben dir steth.

Antw: Nein.

Fr: was bildest du dir ein, was dis für ein Mann seÿe.

Antw: denck der Scharpfrichter

Fr: Es seÿe würcklich der Scharpfrichter, warum es glaube dass der Scharpfrichter hiehar beruffen worden.

Antw: Seinetwegen.

Nachdemme hat mann denn Scharpfrichter samt seinem Sohn befohlen, bis auf weiteren Ruff in Abstand zu gehen, und der Anna Göldin auf die Triftigste Weise zu gemüethe geführt, wie Zweifelhaft noch seine bisherige Angaben in eint- & anderten fahl seÿen, und herentgegen Wie ehrlich und unverleümbdet der Rudolf Steinmüller bis dahin von jedermann gehalten worden, mit ermahnen nicht Unrecht zuthun mit mehrerem und darnach hat mann das erste Schreck Examen mit der Göldin folgender massen angehebet.

N° 1.

Fr: bist du kantlich, da du in H. Doctor Tschudis am Dienst gestanden dass du Guffen in dessen Milch gethan habest.

Antw: Ja, ich bin dessen kantlich.

2. Wie vil Guffen hast du des mahls in die Milch gethan, und in wessen Beckeli.

Antw: des mahls nur eine, und eben in des Anna Migelis Beckeli.

3. Wie vilmahlen hast du Guffen in die Milch gethan.

Antw: 8 Guffen in achtmalen.

4. Wohar hast du die Guffen genohmen.

Antw: aus dem Brusttuch.

5. Was hast du für eine Absicht gehabt, so vilmalen Guffen in die Milch des Anna Migelis zu thun.

Antw: eben weilen ich dem Kind übel an gsin bin, und dass es ein Elendes Kind werde.

6. Hast du aus eigenem Antrib die Guffen in die Milch gethan.

Antw: Ja, aus mir selber ohne das es vom Steinmüller oder jemand Anderst darzu verleitet worden seÿe, ausert das Ihmes der böse geist Darzu überwunden habe.

7. Hast du dem Kind zu erst Guffen in die Milch gethan, oder hast du Ihmme zuerst das Leckerli gegeben.

Antw: es habe Ihmme zu erst das Leckerli gegeben.

8. Aus was Ursach, hast du dem Kind noch Guffen in die Milch gethan, wo du schon zu vorn dem Kind ein solch verderbliches Leckerli gegeben hast.

Antw: wejlen es nach der hand mit dem Kind widerum uneins worden seÿe.

9. Worin die letztere Uneinigkeit bestanden seÿe.

Antw: eben wejlen das Kind Ihmme schon angegebener massen die Kappen abzert habe.

10. Worin ist die Erste Uneinigkeit mit dem Kind bestanden.

Antw: das Kind habe Ihmme wüeste Wort gesagt.

11. Was für wüeste Wort.

Antw: es seÿe ein laide unflätige Anna.

12. Ob das Kind nichts weiters gesagt habe.

Antw: Nein.

13. Ob auch jemand bei dem sagen des Kinds gegenwärtig gewesen.

Antw: Nein.

14. Bist dann du nur deswegen zum Ruodolf Steinmüller gegangen etwas dem Kind verderbliches zu forderen, wejlen es dir unflätige Anna gesagt.

Antw: Ja.

15. Das seÿe unglaublich, ob es nicht eine andere Ursach gewesen seÿe.

Antw: Es wüsse keine andere Ursach.

16. Warum bist du gerade so leichter oder schlechter Ursachen halber, nach deinem Vorgeben zum Ruodolf Steinmüller gegangen.

Antw: eben, darum, dass der Steinmüller Ihmme etwas gebe, zum Schaden des Kinds.

17. Was für sachen hast du vom Steinmüller begert.

Antw: Es habe dem Steinmüller gesagt, dass es dem Kind übel an seÿe, und der Ruodolf Steinmüller habe gesagt, Er wolle Ihmme schon deswegen etwas anmachen.

18. Wie hast du wüssen können, dass der Ruodolf Steinmüller etwas zum Verderben des Kinds geben könne.

Antw: Es habe nichts deswegen gewusst, bis der Steinmüller es Ihmme gesagt, Er wolle Ihmme etwas geben.

19. Hast du vorhero sonsten noch nie gewusst, dass der Ruodolf Steinmüller etwas dergleichen geben könne.

Antw: Nein, vorhero habe es solches nicht gewusst.

20. Kanst du auch keine Stückle angeben, dass es dem Steinmüller habe etwas von dergleichen Wüssenschaften habe zutrauen können.

Antw: Nein, es könne sonsten nichts sagen, aussert dass der Ruodolf Steinmüller einmahlen zu Ihmme gesagt, wann es mit

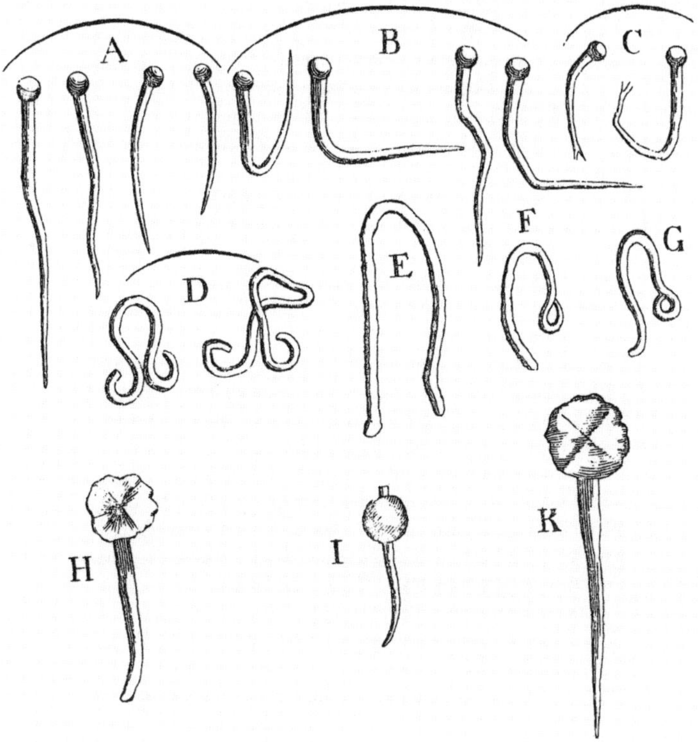

Gufen, Nägel und Eisendrähte, die Annamiggeli angeblich erbrochen hatte.
Im Original hat Nagel K eine Länge von 3,7 Zentimeter.

jemand uneins werde, und etwann ein hass habe, so könne er etwas, es solle zu Ihmme kommen, Er wolle Ihmme etwas geben.

21. Zu welcher Zeit, solches geschechen, dass der Steinmüller entdeckt habe und an welchem Ohrt es beschechen.

Antw: in denen Tagen, da es aus dem Dienst T. H. Landammann Heeren schont fort gewesen, wo es sich bim Steinmüller aufgehalten, bis es in H. Doctor Tschudis dienst gekommen, habe der Steinmüller es Ihmme allein in seiner Stuben eröfnet.

22. Es seÿe fast zu glauben, dass du den Ruodolf Steinmüller Unrecht angibest.

Antw: Nein, es thue Ihmme gewiss nicht Unrecht.

23. Warum hast du den Ruodolf Steinmüller nicht vonerst an desswegen angegeben.

Antw: eben dass es so närrisch gsin seÿe.

24. Warum hast du das Kind ohne zuthun und ohne den Steinmüller zubegehren gebesseret.

Antw: eben dass es so unglücklich gsin seÿe, vonerst an zu hinderhalten und begert habe, dem Ruodolf Steinmüller zu schauen, es habe jetz genug nachendenckt, dass es so ungeschickt gsin seÿe.

25. Warum hast du dem Steinmüller schonen wollen.

Antw: aus ungeschickte, hätte es den Steinmüller zuerst begert, so wurde mann dann gesechen haben, dass Er der Thäter dessen seÿe.

26. Warum bist du auch ein malen, da du den Steinmüller angegeben hast, widerum von Ihmme abgestanden, und jetzt beharrest wider so Darauf, unter angebung Mangelhafter umständen.

Antw: es habe eben gemeint der böse Geist habe mit Ihmme zu thun gehabt, do habe es nachendenckt dass der bös Geist nichts mit Ihmme zuthun gehabt.

27. Welchen Tag hast du dem Ruodolf Steinmüller über das Anna Migeli geklagt, und wann hat der Steinmüller gesagt, dass Er dir deswegen etwas anmachen wolle.

Antw: Es seÿe am Freÿtag vor der letsten Kilbi in des Steinmüllers haus im underhaus, beÿ beschlossener Thür beschechen, nachmittag undertagen, wüsse nicht mehr zu welcher Stund, und habe sich gar nicht lang alda aufgehalten der Steinmüller habe nur gesagt, Er wolle Ihro deswegen etwas anreissen.

28. Wann ist der Ruodolf Steinmüller in H. Doctor Tschudis Haus gekommen umb welche Zeit des Tags, und wohin ist Er gegangen.

Antw: eben an der Kilbi nachmittag nach dem Caffée trinken seye der Ruodolf Steinmüller in H. Doctor Tschudis Haus durch das höfli hinein gekommen und auf die Kammer hinauf gegangen.

29. Ist der Steinmüller alleine auf die Kammer hinauf gegangen.
Antw: Nein, der Steinmüller seÿe zu Ihmme in dem gang ussen kommen mit sagen, da habe er jetzt das ding, darüber es versezet, Sie wollen mit ein anderen auf die Kammer aufen das Kind werde schon nachenkommen worauf der Steinmüller mit Ihmme auf die Kammer aufen gangen und Neben einanderen auf das Bett gesessen seÿen, wo der Steinmüller do Ihmme das leckerli gegeben, mit sagen es könne es jetzt dem Kind geben, der Steinmüller habe das leckerli aus der Täschen hinaus genohmen.

30. Wann hast du das angegebene leckerli von dem Ruodolf Steinmüller empfangen und was hat er desswegen mit dir geredt.
Antw: ist durch die obige antworth beantwortet. jnquisitin sezet aber annoch beÿ, der Ruodolf Steinmüller habe damals gesagt, es werde sich dann zeigen was für Sachen von dem Kind müssen, es jnquisitin werde es aber nicht mehr sechen, sondern es werde wohl vom Dienst müssen.

31. Hast du gewusst, was für Zeüg in dem leckerli gewesen.
Antw: Nein, es habe es gewüss nicht gewusst, als dass da, dass das Leckerli weis und frei hart gewesen.

32. Hat dir der Ruodolf Steinmüller nicht eröfnet, was Er nehmen wolle, dass du dem Kind geben könntest, oder hast du den Steinmüller nicht auch deswegen gefraget.
Antw: Nein, Er habe es Ihmme nicht eröfnet, es Inquisitin habe den Steinmüller bim leckerli bestellen gefraget, was darin seÿe, und Er habe es Ihmme nicht sagen wollen.

33. Gibe wenigstens doch deine Kunstkraft an, wie du das so elende Kind so plözlich besseren können.
Antworth, Es habe nichts darzu gebraucht, die so ja derbeÿ gewesen, werden nicht sagen können, dass es etwas böses gebraucht habe, und es habe es erbätten mögen, vom L. Gott, dass das Kind gebesseret worden seÿe.

34. H. Doctor Tschudi & Frau als des verderbten Kinds Elteren sind besser als du und haben gewüss manchmal mit Tränen umb die besserung ihres so elenden Kinds Gott erflechet, und solches doch nit erbitten mögen dein Vorgeben ist also unglaublich entdecke also die wahre Ursache der Besserung des Kinds.
Antw: Es könne in Gots Nammen keine andere ursach angeben, als dass es solches erbättet habe.

35. Du hast auf dem Rathaus schon zu derjenmale in gegenwart der Ehren Commission, dem anschein nach, eifrig gebättet, und du hast doch zuletst gesagt, du Müssest das Kind an dem ohrt widerum

besseren, wo du es verderbt habest, wo do du es auch würklich schleünig besseren können, zu jedermans Erstaunen, es seÿe also klar dass eine andere Ursach, als das Gebät, zur besserung des Kinds würcken müssen, sonsten es ja auf dem Rathaus, ohne das Kind nur einmale zu berühren, hätte besseren können.

Antw: es wüsse keine andere Ursach, als dass es das Kind an dem Ohrt, wo es solches verderbt, besser habe angreifen können und das Kind sich minder geschochen habe.

Nachdemme mann heüt mit der Anna Göldin nicht weiters kommen mögen, hat mann geendet, die Göldin aber hat noch vor seinen abtrit unter dargeflossenen Trähnen geschraun, seine Hände mit heftigkeit hin und har bewegt, und gesagt, der Ruodolf Steinmüller seÿe die Schuld & der Thäter, wolle darauf leben & sterben, und der Steinmüller werde Ihnes doch nicht zum Teüfel Richten wollen & dergleichen wornach es an sein Ohrt geführt worden. Auf dis hin haben die Hn. Examinatoren noch nöthig befunden den Ruodolf Steinmüller aus seinem arrest vorkommen und Ihme anzeigen zu lassen, dass der Scharpfrichter hier & heüte der Anna Göldin vorgestellet auch mit dem folter alles Ernst bedrohet, & darnach über alles Examiniert worden seÿe, welche von nichts abstehen wollen, im gegentheil mit ihmmer stärckeren Eiffer Ihres Vorgeben behaupte, welches mann Ihmme anzeigen und nur fragen wolle, ob Er sich nun mehro nicht eines anderen besint habe.

Antw: Er habe ja selber begert, dass die Persohn durch den Scharpfrichter angegriffen werde, und wann sie es am folter erharte so werde Er müssen daran kommen, und wann Er müsste das leben lassen, so gescheche Ihmme gewalt und Unrecht, und lieber lasse Er sich auf den Richtplaz führen, als dass Er es könnte eingestehen wann Er kein anderen Sünder wäre, so könnte er Rein in Himmel entlich sagt er letstlichen widerum, wann es die Persohn am Folter erherte, so werde Er müssen daran kommen.

Dornach Er wider an sein Ohrt geführt worden.

Zweites Terriz Examen, vorgenohmen mit der Jnhaftierten Anna Göldin Zinstags der 5/16 April 1782.

Zum voraus ist Der Scharpfrichter befelchnet worden, in dem Rathausgang ussen widerum sich zu stellen, und Strick und Seiler in den Händen zu halten, damit es die aus dem arrest führende Anna

Göldin gewar werde, nach befolgung dessen und da die Anna Göldin durch die Läuffer in die Rathsstuben hinein vor die H. Examinatoren gebracht, ist auch der Scharpfrichter befelchnet worden, hinein zu kommen, welcher sich, samt seinen in den Händen haltenden Strick und banden neben die Anna Göldin gestellet hat, worauf noch an die Anna Göldin alle mögliche Vorstellungen, zu bekennung der reinen Warheit, und Niemanden Unrecht zu thun gemach worden, und da es jmmer auf dem angegebenen behartet, hat mann sich in das Folter Häusle hinab begeben, und auch die Delinquentin dahin bringen lassen, gegen welche mann auch daselbsten all mögliche Vorstellungen zu Bekennung der Warheit, widerhollet hat, und solche hirauf durch den Scharpfrichter auf das Stüehli sezen lassen, auf welches das Examen folgender massen verpflogen worden.

N° 36.
Fr: hast du dich jetzt eines anderen besint.
Antw: es könne sich, in gotts lieben Namen, nicht anderst besinnen, es hoffe der liebe Gott werde Ihnes stärcken.

Hierauf haltet der Scharpfrichter der Delinquentin vor, es solle sich seinem Leib schonen, es seche, dass die Obrigkeit nichts aus sezen werde, Zeiget anbeÿ die Folter Steine und anderes darmit er Ihnes peinigen werde. Nachdemme haben die Hn. Examinatoren der arrestantin die gestrigen fragen von N° 1 bis 23. neüerdings vorgehalten, und über jede Frag, seine Antwort angehört, welch gantz gleich lautend waren wie das gestrige Examen enthaltet, hiermit überflüssig geachtet wird, allhier zu widerholen. Auf dieshin hat der Scharpfrichter der auf dem Stüehli sizenden Anna Göldin die Hände vorzusammen gebunden, mit Sträuben, und jmmer ein folter Instrument von Eisen in den Händen gehalten und weilen der Inhaftierte Ruodolf Steinmüller selbsten begert und angehalten, dass mann Ihnne beÿ dem Terriz Examen der Göldin so weit es Jhnne berühre, in dem Folterhaus gegenwärtig seÿn lassen möchte, so ist es Ihmme begünstiget worden, umb selbsten sechen zu können, dass die Göldin gebunden auf dem Stüehli size und wie man mit Ihro verhare. Darnach ist die Göldin in anwesenheit des Steinmüllers gefraget worden.

37. Ist es wahr, dass der hierstehende Ruodolf Steinmüller an der letzten Kilbi in H. Doctor Tschudis Haus gekommen ist, und dir das angegebene Leckerli gegeben habe.
Antw: Ja, das seÿe wahr.

Steinmüller hat auf diese antwort der Göldin wehklagend vorgehalten es thüe Ihmme Unrecht, er seÿe auch allezeit ein ehrlich mändli gsin, solle Ihnne nicht so unrecht umb seine Ehr & guten Nammen bringen. Es solle dencken, Es seÿe ein Gott im Himmel und dergleichen.

38. Fr: an die Göldin

Ist es auch wahr, dass du am Freÿtag vor der Kilbi zum Steinmüller gegangen, und der Steinmüller dir in seinem Underhaus versprochen habe, wejlen du des H. Doctor Tschudis Kind übel an seÿest, so wolle Er dir deswegen etwas anmachen.

Antw: Ja, das seÿe auch wahr.

Und als der Steinmüller hierüber sich widermahlen über Unrecht klagte, mit sagen, in Gotts Nammen, es ist besser Unrecht leiden, weder Unrecht thun, hat die Göldin dem Steinmüller geantwortet, geltet ihr wend nit der Mann seÿn, der ihr seÿt, und ihr sind nit besser als Jch, beharet anbeÿ auf allen demme, was an der Kilbi begegnet & des Steinmüllers halber von Ihmme angegeben seÿe, auf dem schon ausgesagten, auch habe der Steinmüller beÿ solchem anlas gesagt, es werde dan vom Dienst müssen es werden sich Sachen zeigen.

39. Fr: Warum hast du den R. Steinmüller nicht vor erst an angegeben und warum hast du Ihnne nicht zur Besserung des Kinds begehrt.

Antw: dass es so unglücklich gsin seÿe.

Anbeÿ hat die Göldin auch gesagt, Ich kann nüt zurück nih, ich thue Ihmme nit Unrecht.

40. Hierauf ist der Göldin vorgehalten worden, es habe schon oftmalen die Wort gebraucht, ich kann nüt zurück nih, villeicht möchte ein böser Trib beÿ Ihmme walten, dass es würckliche Unwarheiten nicht zurucknehmen könne, oder wolle, und es sejen einmahlen noch bis dahin vile Zweifelhaftigkeiten im Geschäfft /: die mann der Göldin zu gemüth geführt, und specificiert hat: / dass es nicht die reine Warheit angebe. entlichen hat es gesagt, nun in Gots Nammen, und weiters nichts, indemme wider jemand mit reden darzwischen gekommen.

Darauf die Göldin angeredt wurde, du hast auf die gethane Vorstellung Grad jetzt gesagt, nun in Gotts Nammen, was hast noch weiters wollen sagen. ------------- Antw: Ich will eben abstun.

41. Es komt nicht auf dein sagen an, ich will eben abstun, sondern es fragt sich, ob du mit gutem Gewüssen, aus Überzeugung deiner Seele, mit Warheit vom Steinmüller abstehen kanst oder nicht, und sage also hast du dem Steinmüller in deinen Vorhinigen angaben Unrecht gethan oder nicht.

Antw: Ja, ich hab dem Steinmüller Unrecht gethan.

Ruodolf Steinmüller sagt anbeÿ, nun Gottlob, muss die Unschuld doch noch an das Taglicht kommen.

42. Fr: sage warhaft, bist du am Freÿtag vor der Kilbi zum Steinmüller hinaus gegangen oder nicht.

Antw: Nein, es seÿe nicht zum Steinmüller hinaus gegangen.

43. Fr: ist der Ruodolf Steinmüller an der letsten Kilbi zu dir in H. Doctor Tschudis Haus hinein kommen, oder nicht, rede die Warheit.

Antw: Nein, der Steinmüller ist auch nicht in H. Doctor Tschudis Haus hineingekommen, hab auch kein leckerli vom Steinmüller Empfangen.

44. Hast du vom Steinmüller auch nichts anders Empfangen.

Antw: Nein, der Steinmüller habe Ihmme nichts zum Verderben des Kinds gegeben.

45. Ist also der Steinmüller an der Kilbi auch nicht beÿ dir auf der Kammer oben in H. Doctor Tschudis Haus gsin.

Antw: Nein der Steinmüller seÿe auch nit, beÿ Ihmme auf der Kammer oben gsin.

46. Du hast vormals auch angegeben, dass der steinmüller dir auf eine Zeit, da du aus Titl. H. Landammann Heeren Dienst sonst fort warest & dich bim Steinmüller aufgehalten hast, etwas eröfnet habe, dass Er geben könne, wann du mit jemand uneins werdest, sage, wie verhaltet sich dises.

Antw: es seÿe auch nicht wahr, dass der Steinmüller Ihmme gesagt, dass er etwas könne, zum Verderben der leüthen.

47. Kanst jetzt auch beharen, dass wegen dem Steinmüller vormals die Unwarheit angegeben habest.

Antw: ja.

48. Warum, aus was urache, bist auch so frech gsin, & hast den Steinmüller solchermassen beschuldiget, wo doch jetzt darvon abstehen must.

Antw: Wejlen es das Kind gesagt habe, dass der Steinmüller auch darbeÿ gsin seÿe, und mann Ihmme fürgehalten habe, dass noch einer darbeÿ gsin seÿe.

49. Was wilt du jetzt auch sagen, dass du den Steinmüller so schandlich angelogen, Ihnne in solch üblen Ruff, in Schimpf, und schon etlich tägigen arrest selbsten gebracht.

Antw: Er solle es Ihmme verzeichen.

Steinmüller wejnet, und sagt, Er wolle es Ihmme verzeichen und noch für Ihnes bätten.

Nachdemme ist der Ruodolf Steinmüller widerum an sein Ohrt zu gehen befelchnet & Ihmme bim Eidt verbotten worden von dem jezigen Vorgang, bis auf Erlaubnus Mgnd. Hn. Niemanden nichts zu sagen.

50. Darauf sind die H. Examinatoren mit den möglichsten Vorstellung fürgefahren, nicht ferner Unwarheiten vorzugeben und solle doch jetzt sagen, & offenbaren, auf was Art & Weis es das Kind verderbt habe.

Antw: staunet, will nichts sagen, ausert es antwortete, der bös Geist habe es gethan.

Scharpfrichter spricht der Delinquentin widermahlen zu, die Warheit zu bekennen, unter Anzeigung der peinlichen Jnstrumenten.

51. Hast du dann eine Verständtnus oder Bund, schriftlich oder Mündlich, mit dem bösen Geist, sage es, die Obrigkeit die an Gottes statt ist, kann dir von solchen allenfahls bösen Verbündungen widerum helfen.

Antw: Nein, es habe kein Bund mit dem bösen.

52. Sage, wo an welchem Ohrt, hast du das Kind verderbt.

Antw: in der Kuchi, sonst wüsse es nüt.

53. Was hast du dann in der Kuchi gethan.

Antw: die Guffen in Milch gethan.

54. Hast du dem Kind auch etwas im Kämmerli oben gethan.

Antw: Nein.

55. Offenbare jetzt, durch was vor Mittel du das Kind hast so plözlich besseren können.

Antw: eben dass es dem Kind das Beinle gestreckt habe, es habe von leüthen gehört, dass mann das Verderbte widerum gutmachen könne.

56. Von was für Leüthen hast du solches gehört sagen.

Antw: eben in der Welt herum von leüthen, die es jetzt nicht mehr zunamssen wüsse.

57. Was hast dann du auch von Leüthen gehört, wie man das Verderbte widerum gutmachen könne.

Antw: eben, dass mann Ihnen die beinle strecke.

Und da mann vor heüt nicht weiters kommen mögen, Jst die Arrestantin wider an sein Ohrt geführt worden.

Drittes Schreck Examen vorgenohmen mit der Jnhaftierten Anna Göldin den 6/17. April 1782

Aller Erstens ist der Delinquentin in Beÿsein des Scharpfrichters Das gestrige Examen vorgelesen und nochmalen mit aller Ernsthaftigkeit vorgehalten worden, wie mit dem Ruodolf Steinmüller sein gestriges Vorgeben beschaffen seÿe, worauf es das Ihmme Vorgelessene bestättet und neüerdings bekent hat, dass es dem Steinmüller Unrecht gethan habe, und Er unschuldig seÿe.

Darnach, da mann in der Ratsstuben auf alles fragen hin, jmmer hartnäckige Verstockungen beÿ der Delinquentin wargenohmen, hat mann sich in das Folter Häusle hinab begeben, und auch die Delinquentin dahin bringen lassen, und examiniert wie hier folget.

58. Fr: Sage doch warhaft auf was art & Weis oder mit was für Sachen du das Anna Migeli des H. Doctor Tschudis verderbt hast, die hoche Obrigkeit wird nicht ruhen, bis du es entdeckest hast, und du must nun solches wüssen, wejlen du jezo dich nicht mehr hinder den Steinmüller verbergen kanst, jndemme du gestern, und auch neürdings heüt bekent hast, du habest dem Steinmüller Unrecht gethan.

Antw: Es habe das Anna Migeli verderbt mit vergiften Wurm-Saammen rothgelb gefärbet und mit weissem Gift, solche Sachen hab es in ein Möckli Brot da breitten weg darin gelegt, darauf in kaltem Wasser welches aus der Gelten genohmen, und in ein Beckeli gethan, das mit bemeltem Gift vermischte Brot angefeüchtet, und darauf hab es dem Kind solches gegeben.

59. Wie hast können wüssen, dass das Wurm Saammen & gift seÿe.

Antw: es habe es gesechen, dass dergleichen seÿe, habe mehr Wurm Saammen aber nit vergiften gesechen, mann gebe ja auch den Kinden anderen Wurm Saammen die Würm Abzutreiben.

60. Wo, an welchem Orth, hast du dem Kind solches gegeben.

Antw: in der Kuchi ussen.

61. Zu welcher Zeit hast du dem Kind solches gegeben.

Antw: in der letsten wochen, da es in H. Doctor Tschudis Haus am Dienst gestanden, welches im Weinmo. gsin seÿe.

62. Wohar hast du der angegebene Saammen und Gift genohmen.
Antw: vom bösen Geist.

63. Es seÿe fast nit glaublich, dass es die Warheit angebe, sage also warhaft, wohar hast die Sachen genohmen
Antw: Es könne nicht anderst sagen, als vom bösen Geist.

64. Wann hast du die angegebenen Sachen vom bösen Geist Empfangen.
Antw: Zweÿ Tag nachdem es mit dem Anna Migeli vorhin uneins worden seÿe.

65. Wie bist mit dem bösen Geist bekannt worden.
Antw: eben wejlen es mit dem Kind des H. Doctor Tschudis in der Kuchi uneins worden, seÿe der böss geist gekommen, der Jhnes zu der bösen Sach verleitet habe.

66. Hast du begert, dass der böss geist komme.
Antw: Nein, Er seÿe grad sonst kommen, ohne sein begehren.

67. Jn was Gestalt ist der böss Geist zu dir kommen.
Antw: Er seÿe ein wüestes schwarzes Thier gsin.

68. Obgleich die Vorgeben bishin nicht glaublich, so wirst du Dannoch gefraget, wie hast du wüssen können, dass das angegebene Thier der Teüffl seÿe.
Antw: es habe sich eingebildet, es seÿe der Teüfel, wegen der Wüsten Gestalt die Er gehabt.

69. Ist der bös Geist vorher mermal zu dir kommen.
Antw: Nein, sonst nie, als das mahl.

70. Hast ein Verständnus mit dem bösen Geist getroffen, oder hast ein warzeichen vom bösen Geist.
Antw: Nein, keintweders.

71. Jn und mit was der böss Geist Ihmme das ding gegeben, mit was vor Gschrei, oder Worten.
Antw: in einem Papirli und mit denen klaben, wo do der bös Geist zu Ihmme gesagt habe, da hast jetzt das ding, wo hast von mir wollen. Anbeÿ schreit die Delinquentin & bättet laut, etliche Seüfzer.

72. Du sagst eben jetzt der bös Geist habe zu dir gesagt, da hast jetzt das ding, wo hast von mir wollen. Hast dann etwas von dem Teüffel wollen.
Antw: Nein es habe sonst nichts vom Teüffel wollen, seje auch Niemahl sonst beÿ Ihmme gewesen, als dasselbe mahl.

73. Wie hast du wüssen können, dass böse Sachen aus denen dem Anna Migeli gegebenen Sachen entspringen, als Guffen, Eisen Nägel, Häftle & dergleichen.

Antw: Es hab nüt anders gewusst, als das es ein elendes Kind daraus werde.

74. Was für Umstände oder Wort hast du gebraucht, wie dem Kind das Brot gegeben hast.

Antw: Es habe keine böse Wort gebraucht, oder andere Umstände gemacht, das böse seÿe schon drin gsin, es hab nicht mehr braucht, böses zu wünschen.

75. Wie & auf was art hast auch das Kind besseren können, wo sonsten Niemand anderst als du hast können.

Antw: Es habe von Leüthen gehört, dass wann mann etwas verderbe, so müsse mann es wider drucken, dass das böse weiche, wie es schon gesagt habe.

Darnach ist die Delinquentin widerum in neüen Thurn gelegt worden.

Erstes peinliches Examen vorgenohmen mit der Jnhaftierten Anna Göldin, im folter Haus, da es aufgezogen worden, welches ein starckes fürchterliches Geheül gemachet, an solchem aber keine Tränen wargenohmen worden. den 11/22. April 1782 am Morgen zwüschen 7 & 8 uhr.

Fr: Ist es wahr und bekenst du hiermit, dass du des H. Doctor Tschudis Kind oder Töchterli Anna Maria verderbt hast.

Antw: Ja, es bekenne.

Hast du allein diesere böse That verüebet. – A: Ja.

Ist auch Jemand anderster zugegen gewesen, da du diese That verüebet hast.

A: Nein.

Hast du auch jemand jemand vorher geoffenbaret, dass du diese That verüeben wollest. – A: Nein.

Hast du auch jemand nach der That, solche eröfnet. – A: Nein.

Du hast vorhin zu widerholten Mahlen alleine, und auch so gar unter Augen des Rudolf Steinmüllers, Ihnne Steinmüller zum Urheber und Veranlässer dieser gegen des H. Doctor Tschudis Kind ausgeüebten That angegeben, und letsthin bist widerum davon abgestanden was sagst jetzt darzu. – A: Er ist unschuldig.

Fr: auf was Art und Weis hast du das Kind verderbt, oder was hast du darzu gebraucht, und wie hast du solches gemacht.

Antw: Wie es allewejlen gsagt habe, mit dem Gift und Saamen.

Fr: Wer hat dir die Sachen gegeben.

Antw: der böse Geist in den Klaben in einem Papierli mit sagen, da hast jetzt das Ding, Es hab solches zweÿ Tag zuvorn begert, und der Teüffel seÿe zweÿmalen beÿ Ihmme gsin, in einer wüesten unflätigen Gestalt, dann es hab dem Teüffel gerufen, wie es mit dem Kind uneins worden seÿe.

Fr: Wo, zu welcher Zeit, und mit was Worten hast du dem Teüffel geruffen.

Antw: Es habe zum Kuchi Pfenster hinaus um 12. Uhr in der nacht Da niemand mehr aufgewesen, geruffen, o bösen Geist kom doch, und bring mir etwas dem Kind, es seÿe uneins, und möchte Ihmme etwas bejbringen, do seÿe der Teüffel gleich darauf kommen der bös Geist hab gsagt, es werden Guffen und etwas böses darauf werden, von Näglen, Eisentrat & Häftle hab er nüt gsagt. Der Teüffel seÿe beidermalen in der Kuchen ussen, umb 12 Uhr in der Nacht zu Ihmme gekommen, es habe nit gesechen, wo der bös Geist hineinkommen, Er könne zu jedem loch inen.

Fr: Warum hast du den bösen Geist angerufen?

Antw: dass es so unglücklich gsin seÿe.

Fr. auf was Weis & Art hast du das Kind besseren können.

Antw: Es denck eben der bös Geist werde Ihmme die Kraft geben haben, zum besseren, wejlen es die Kräft vom bösen gehabt habe, zum Verderben.

Fr: Warum hast du vorher dem Gebät solche Besserung zugeschriben.

Antw: Es habe es eben gemeint, das Gebät habe gewürckt.

Fr: Warum mejnst du solches jezto nicht mehr.

Antw: Wejlen es habe müessen abstun.

Fr: Wie stehest du ab.

Antw: Wejlen der bös Geist Ihmme die Kraft zum Kind zu besseren geben.

Fr: Warum hast dem Kind Guffen ins Beckeli gethan.

Antw: Es seÿe ein Zeichen oder schein gsin, das Guffen von Ihmme müessen, dann von den Guffen hab es gewusst, dass von Ihmme müessen, wejlen solches der bös Geist Jhmme gsagt, von den Näglen Eisentrats, Häftle aber hab er nichts gsagt.

Fr: Wann hast dem Kind die Sachen gih, und was für Sachen.

Antw: Morgends drauf, es seÿe weises Gift & rothgelben Sammen gsin.

Fr: Wo hast die Sachen unterdessen, bis dass du es dem Kind gegeben, gethan.

Antw: Es hab solches unter dessen auf seiner Kammer oben auf dem Tisch gelegt.

Fr: Wie viel Sachen sind gewesen, oder wie gros ist die Portion der Sach gsin.

Antw: es seÿe etwann ein halbes löffeli vol gsin.

Fr: Zu welcher Zeit hast dem Kind die Sachen geben.

Antw: Nachmittentag.

Fr: hat der bös Geist dir gsagt, wie du dem Kind die Sachen beÿbringen sollest.

Antw: Nein, es seÿe sonst Jhmme zu Sinn gekommen, dass es Jhmme solches im Brodt geben wolle.

Fr: Hast auch etwas laut oder im geheim gesprochen wie du dem Kind die Sachen geben.

Antw: es hab nüt gsagt, ausert Anna Migeli, da hast brot dann das bös seÿe schon drin gsin.

Fr: Wie ist es möglich gsin, dass von dem Kind über 100 Guffen auch Eisennägel, Häftle & Eisentrat gehen können, ohne dass es dem Kind sein leben gekostet habe.

Antw: Es habe eben nit sollen sejn, dass es tödt werde, sonst könne es nüt anders sagen.

Fr: Was hat dich auch bewogen, oder was ist die Ursach gsin, dass du disere That verüebet hast.

Antw: eben der bös Geist habe Jhnnes bewogen, und dass Jhnes das Kind erteilet habe.

Darnach ist arrestantin widerum an sein Ohrt gelassen worden. Nach Beendigung des Examens, haben die H. Herren Examinatoren noch in H. Doctor Tschudis Haus sich hinab begeben, umb nur das Kind Anna Maria des H. Doctor Tschudis zuerrinneren, und zu befragen, ob es auch Einmahlen angefüechtes Brodt in der Kuchi von der Magdt Anna Empfangen & solches alda geessen habe.

Antw: das Kind aber hat, alles Errinnerens ungeachtet, nichts von dem Brodt wüssen wollen, und ist widerum auf das leckerli gekommen, mit allen Umständen, wie das Kind schon ehevorn gesagt hat.

Ferners ist eine Commission auf dem Rathaus abgehalten worden, beÿ vorhinniger berathung, zu Stellung der peinlichen Fragen.

Actum Mittwochen 13/24. Aprill 1782

Da die Jnhaftierte Anna Göldin noch vor der hinabführung in das Folter Haus durch den Landtweibel umb Verhör gebetten, hat mann solche Jn der Rathsstuben noch vorkommen lassen, welche bim eintrit, ohne die Persohn anzureden, folgende Wort gesprochen.

Ich bitte doch umb dausen Gotts Willen und umb das jüngste Gericht Willen, verzeichen mir doch ihr Herren was ich die Unwarheit geredt habe, ich habe ein Anderen Vorsaz gefasset, das gewüssen lasst mir es nicht anderst zu, ich habe allewejl hinderhalten, alleinne zu Gotts lieben Nammen, ich kann nümmen anderst, ich habe schon zu lang gewartet und dem Mänle dem Ruodolf Steinmüller schonen wollen, es hab auch nicht mehr essen mögen, wejlen es die Warheit hinderhalten, wajnet mit Tränen.

Darauf der Anna Göldin alle jmmer möglichen Vorstellungen doch Niemanden Unrecht zu thun und die Warheit zubekennen gemacht worden die hierzu melden zu weitläufig fielen. Auch der Delinquentin vorgehalten worden, dass man Jhmme Heüte mit dem Folter, und zwarn mit dem strengeren als letsthin gleichwohlen nicht schonen dörffe werde auch alles am Folter erharten, und villeicht noch mehr Pein jetzt ausstehen müssen, wann Jhmme der Ruodolf Steinmüller kein angeben wie sehr zu zweiflen seÿe, nicht kantlich seÿn werde. Darüber die Delinquentin geantwortet, in gotts Nammen, es wolle gleich ans Folter, es hoffe der lieb Gott werde Jhnes stärcken. Daraus der Anna Göldin noch weiters eröfnet wurde, dass mann das Kind des H. Doctor Tschudis gefraget, und nicht wüssen wollen dass es Jhmme Brot gegeben, solle doch die Warheit sagen.

Antw: Ja es habe dem Kind kein Brot, sondern ein leckerli wie vormals angezeigt, gegeben und es habe sich nur hinder den Satan letsthin mit seiner angabe, verbergen wollen, damit mann nicht darhinter komme.

Sage mit was für Umständen oder Worten, hast du dem Kind das leckerli beigebracht.

Antw: Bim beibringen habe es gedenckt, dass der böss Geist würcke zum Verderben des Kinds.

Sage, wie hast du das Kind, zu jedermanns Verwunderung so geschwind besseren können.

Antw: Der Steinmüller habe Jhmme vordemme gsagt, wann mann das Verderbte wider besseren wolle, müesse mann in den höchsten 3. Nammen das Verderbte angreiffen, drucken & strecken.

Darnach hat mann in dem Folter Haus das zweite peinliche Examen, durch das aufziechen samt einem Schwären Stein an den beiden beinen zusammen gebunden mit der unglücklichen Anna Göldin folgendermassen angehebet.

Fr: ist es wahr, und bekennst du, dass du des H. Doctor Tschudis Töchterli Anna Maria verderbt hast.

Antw: Ja es bekenne.

Fr: Hast du alleine diesere böse That verüebet.

Antw: Nein.

Fr: Ist auch jemand anderster zu gegen gewesen, da du diese That verüebet hast.

Antw: Ja der Ruodolf Steinmüller.

Fr: Warum bist du so unglücklich, dass jmmer in deinen Vorgaben Veränderlich bist, du hast den Ruodolf Steinmüller schon in den güetlichen Examen zu öfteren Mahlen angegeben, und bist widerum von Jhmme abgestanden, du hast auch den Steinmüller im Terriz oder Schreck Examen angegeben, und bist widerum von Jhmme abgestanden, du hast auch den Ruodolf Steinmüller in dem letsten peinlichen Exammen für unschuldig erklärt, und jetzt gibst solchen widerum als Schuldner an, gehe doch mit der reinen Warheit um, und thu niemand Unrecht.

Antw: Er seÿe gewüss schuldig, dessen, was Jhnne jetzt angebe, und wann es schon gesagt, es wolle dafür nicht mehr Zeügen, so solle mann doch dies schreiben es wolle darauf leben und sterben.

Fr: Warum bist dann du von dem Ruodolf Steinmüller so einiche Malen abgestanden.

Antw: Ich hab Jhmme allewejlen wollen schonen, und Jhnne nicht recht an Tag geben wollen, jammeret anbeÿ, ach mein Gott wie unglücklich bin ich gsin, dass Jhmme habe schonen wollen.

Fr: Aus was Ursach, hast du Jhmme Ruodolf Steinmüller schonen wollen.

Antw: das Unglück hab Jhmme es nicht anderst zugelassen, es weiche jetzt aber gewüss nicht mehr von dem ab.

Fr: Denck nur nicht, dass dem Urtheil etwann gelinder werden wann du einen anderen angibst, und betrachte auch was für eine Unverantwortliche Sünd du verüebtest, wann du einen Unschuldigen für schuldig besonders in einem solch wichtigen fahl angebtest.

Fr: sage, mit was hast du das Kind verderbt.

Antw: eben mit dem Leckerli.

Fr: Wohar oder von wem hast du das Leckerli.

Antw: vom Ruodolf Steinmüller.

Fr: Weißt du, was ist in dem Leckerli gsin.

Antw: Nein, und über all weitere in der vorgenohmenen Confrontation enthaltener Fragen, sagt es, dass alle seine darin geschribene Antworten warhaft seÿen.

Fr: bist du auch etwann uneins worden, mit dem Ruodolf Steinmüller.

Antw: Nein, es wüsse nüt.

Fr: Es ist jmmer zu vermuthen, du habest ein Bund oder Verständtnuss mit dem bösen.

Antw: Nein es habe gewüss kein Bund mit dem Satan, habe auch solchen niemals gesechen.

Frag: Sage, was ist die ursache, dass du letsthin beÿ dem lähren hinaufziechen, an dem Folter so starck geschrauen und jetzt da du samt einem schwären Stein aufgezogen worden, dich nicht so sehr geklagt hast.

Antw: Wejlen es heüt mit besserem gewüssen geredt und die Warheit angegeben, und letsthin gelogen habe, glaube es werde es Jhmme weniger Weh gethan haben.

Nachdemme ist die Arrestantin widerum in Neüen Thurn gelegt worden, der Scharpfrichter von Weÿl aber welcher ein gantz Vernünftiger Mann überhaupt aus seinem betragen scheint, hat angezeiget dass es gantz natürlich seÿe, dass der Persohn es minder schmerzlich gefallen, von darumb, wejlen durch den ersten Aufzug in denen Glideren die ausdähnung habe beschechen müssen, und in dem Zweiten Aufzug, die schon erfolgte Ausdähnung nicht mehr habe geschechen müssen.

Ist darnach noch eine Commission auf dem Rathaus umb alles in die ordnung zuziechen, gehalten worden.

Drittes peinliches Examen vorgenommen mit der inhaftierten Anna Göldi in dem Folterhaus, wo die Delinquentin mit dem Gewichtstein zum 2. Mal hert aufgezogen, lang hangend gelassen und bei den Hauptfragen immer stark gezuckt, ja überhaupt auf das schärfste gepeinigt worden.

Actum den 6./12. Mai 1782

Fr: Ist es wahr und bekennst du, dass du des Hr. Dr. Tschudis Töchterli Anna Maria verderbet hast?

Antw: Ja, ich bekenne es.

Fr: Mit was hast du das Kind verderbt?

Antw: Mit dem Leckerli.

Fr: Wie hast du solches gemacht oder woher hast du solches genohmen?

Antw: R. Steinmüller hats mir geben.

Fr: Was ist in dem Leckerli gsyn?

Antw: Das kann ich in Gottes lieben Nahmen nicht sagen, der Steinmüller hats mir geben.

Fr: Wie ist das Leckerli beschaffen gsyn?

Antw: Das Leckerli ist weiss gsyn unten und oben.

Fr: Thu dem R. Steinmüller doch nicht Unrecht und sage ist es gewüss, dass du das Leckerli, so du dem Kind gegeben von Rudolf Steinmüller empfangen hast?

Antw: Nein ich thue ihm gewüss nüt Unrecht und ich has gewüss vom Steinmüller empfangen, Glaubens doch ihr Herren, will darauf leben und sterben.

Fr: Wann hast du das Leckerli vom Steinmüller empfangen oder begehrt?

Antw: Am Freitag vor der Kilbi sei es zu Steinmüller gegangen, wie es schon gesagt.

Fr: Wo hast du vom Steinmüller das Leckerli empfangen?

Antw: Am Sonntag an der Kilbi auf Herr Dr. Tschudis Magden-kämmerli oben.

Fr: Der Steinmüller ist dein Vorgeben nicht kanntlich, besinn dich doch recht.

Antw: Ich habe mich schon lange besinnt und es ist gleich wahr.

Fr: Wie hast du gewusst, dass der Steinmüller dir solche Sachen geben kann?

Antw: Er hat mir gesagt, wann ich mit Leuten uneins werde, so könne er etwas und ich thue gewüss dem Steinmüller nicht Unrecht.

Fr: Du hast doch das Kind ohne Beisein des Steinmüllers gebessert und bekenne woher hast du die Kunst verderbende Sachen wieder gut zu machen?

Antw: Ja ich habe das Kind selbsten bessert, ich habe dem Kinde allezeit verschonen wollen, es ist mich tausendmal dessen gerauen

und der Steinmüller hat mir angeben, wie ich das Kind bessern solle, davor han ich nüt können.
Fr: Der R. Steinmüller sey auch dieses wiederum nicht kanntlich, thue ihm doch nicht Unrecht du thätest eine unverantwortliche Sünd dagleichen.
Antw: Der Steinmüller muss es kanntlich syn, es ist gewüss wahr, ich rede von Grund meines Herzens; er hat gesagt, ich muss in den höchsten 3 Namen bätten, dann müsste das Bös weichen und solle es am Läibli drucken und strecken, wolle es am jüngsten und letzten Tag verantworten, dass solches wahr sey.

Schreiend bittet es anbei um Gottes Willen lünt mich doch aben, ihr lieben Herren, dessen ungeachtet hat man es am Aufzug wieder hangen lassen und weiters gefragte also:

Fr: Man glaubt auch du wüssest was in dem Leckerli gsyn sey.
Antw: Nein gewüss nicht.
Fr: Warum bist denn vorhin mehr malen vom Steinmüller abgestanden?
Antw: Dass ich so unglücklich gsyn bin, worum händ ihr mir solchen vorgestellt; ich denk er hat es mir können anthun, weilen er dergleichen Sachen machen kann und ich hab denkt, ich müsst denn nicht an das Folter, wann ich von ihm abstuhnd.

Bittet wiedermahlen um Gottes Willen ihnes abzulassen, wurde aber nicht willfahret, sondern weiters am Folter hangend die Inquisitin gefragt:

Fr: Warum bist du danach würklich im ersten peinlichen Examen von Steinmüller abgestanden?
Antw: Eben bin ich so unglücklich gsyn.
Fr: Hast du sonst niemal nichts verdekt?
Antw: Nein.
Fr: Bist du kanntlich, dass du Guffen in des Anna Mikelis Milch Bekeli gethan hast?
Antw: Ja es sey es kanntlich; es habe 8 Guffen in die Milch gethan und zwar ohne Verleitung vom Steinmüller und das seye ein Zeichen gsyn, dass Guffen vom Kind gehen.
Fr: Hast du etwa ein Verständnus mit dem bösen Feind schriftlich oder mündlich?
Antw: Nein, gar nüt.

Auf nochmaliges Bitten ist Inquisitin ähndlich ab dem Folteraufzug hinab und losgelassen worden. Wieder holten Dingen aber ihme vorgehalten worden:

Man glaube noch, es gebe nicht die Wahrheit in Allem vor, solle sich doch recht bedenken; es müsse grad jetzt noch einmal ans Folter wann es nicht anderes anzeigen wolle.

Draus man mit mehrer Ueberzeugungen schiessen könne, es rede die Wahrheit.

Und da die Göldin nichts anderes zu wissen vorgegeben mit Bitt ihme doch um tausend Gottes willen zu glauben, so ist dann noch zu mehrerer Gewüssheit die Göldin durch den Scharfrichter neuerdings gebunden und mit dem gleichen Stein aufgezogen, ein gute Weil hangend gelassen und von Anfang an wieder wie an dem 1. Aufzug über alles gefraget, der Steinmüller selber usbesonden erinnert worden, doch die reine Wahrheit anzugeben, worauf von der Göldi das Gleiche daraus geantwortet worden, wie nach gegenwärtigem Verhör schon geschrieben steht, mit Beisetzen: Meint ihr ihr Herren ich seye auch gar so gottlos, ich müsste ja in die äusserste Finsterniss da heulen und Zähnklaffen sind, wann ich dem Steinmüller Unrecht thäte. Endlich ist die Göldin des Folters entlassen, matt und hart zugerichtet endlich wieder in den neuen Thurm gethan worden.

P. S. Heut Zienstag als den 10./21. Mai 1782 ist die A. Göldi dem Rathen gemäss wiederum gütlich verhört worden, um zu vernehmen, ob es auf deme, wie Gegenwärtiges peinliches Examen enthalte, bestehe oder etwas Abändere; hat aber all Obiges widerum bestättet.

Kapitel 15 — Letzter Widerstand, Todesurteil und Persilschein

Der Göldi-Prozess stand bis zuletzt auf Messers Schneide und entfachte auch unter den Protestanten heftige Kontroversen. Der Gerichtsvorsitzende Bartholome Marti und die Untersuchungsrichter mussten öffentliche Kritik einstecken und wurden sogar bedroht. Gemäss Protokoll des evangelischen Rates vom 4. März 1782 sollte Bartholome Marti «besser geschützt und geschirmt werden», nachdem «seine Ehre auf empfindliche Weise angegriffen» worden war. Am 9. März wollte Untersuchungsrichter Jakob Altmann sein Amt sogar niederlegen, weil er mit «widrigen Reden» attackiert worden sei. Doch der evangelische Rat sprach ihm ebenso wie seinem Amtskollegen Jost Heiz sein Vertrauen aus. Er sei ein «würdiger und rechtschaffener» Magistrat und solle sein Amt weiterführen.

Auch an der evangelischen Landsgemeinde vom 24. April 1782 war die Atmosphäre offenbar emotional aufgeladen. Ein Bürger aus Netstal, Balthasar Leuzinger, kritisierte die Willkürjustiz der Obrigkeit und stellte den Antrag, dass die Straffälle in die Hände der Bürger, der Landsgemeinde, gelegt werden sollten. Damit entzog er dem Rat während des sich zuspitzenden Göldi-Prozesses das Vertrauen. Das Ergebnis der Abstimmung ist nicht bekannt, der Rat aber warnte vor den «bösen Folgen» einer demokratisch legitimierten Strafjustiz und führte den Prozess unbeirrt weiter.

Zudem ging der evangelische Rat gegen den Antragsteller vor und zog ihn mit Beschluss vom 20. Mai 1782 – also zwei

Wochen vor dem Todesurteil gegen Anna Göldi – wegen «vermessener und schändlicher Reden» zur Rechenschaft. Zur Strafe verlor Leuzinger für zwei Jahre seine Ehre und musste kniend Gott und die Obrigkeit für begangene Fehler um Verzeihung bitten.

Trotzdem leisteten Glarner Bürger bis zuletzt Widerstand. Eine Gruppe von Politikern unter Führung von Cosmus Heer, dem früheren Landammann und ehemaligen Dienstherrn von Anna Göldi, unternahm am 24. Mai 1782 einen letzten Versuch, das sich abzeichnende Todesurteil abzuwenden und das Leben von Anna Göldi zu retten. Sie baten die zürcherische Obrigkeit darum, die Angeklagte als Angehörige der zürcherischen Herrschaft Sax ins «Schellenwerk» aufzunehmen. Im Zuchthaus der Limmatstadt sollte sie eine lebenslange Haft verbüssen. Die Zürcher, unter den eidgenössischen Orten die schärfsten Kritiker des Göldi-Prozesses, willigten ein und boten den Glarnern sogar an, die Kosten für den Unterhalt der Gefangenen zu übernehmen. Doch auch diese Bemühungen um einen unblutigen Ausgang des Prozesses scheiterten. Der evangelische Rat erteilte der zürcherischen Obrigkeit am 6. Juni 1782, am Tag der Urteilsfällung, schriftlich eine Absage. Die treibenden Kräfte des Göldi-Prozesses wollten einen endgültigen Schlussstrich unter die Affäre ziehen. Sie fürchteten wohl, dass Anna Göldi irgendwann freikommen und in der Öffentlichkeit «auspacken» könnte. Das wollten sie unbedingt verhindern und zogen es deshalb vor, Anna Göldi der Staatsräson zu opfern und sie für immer zum Schweigen zu bringen.

Der evangelische Rat kam am 6. Juni 1782 zusammen und beriet das Urteil unter Ausschluss der Öffentlichkeit. Anna Göldi wurde zum Tode durch das Schwert verurteilt – allerdings nicht wegen Zauberei oder Hexerei, sondern wegen Vergiftung.

Dabei hatten sich die Vorwürfe der Tschudis, die nächtlichen Heilungszeremonien und die Verhöre der Angeklagten stets um die «unbegreifliche Kunstkraft» von Anna Göldi gedreht, um die angebliche Schädigung und Heilung des Kindes. Unter Folter musste die Magd über ihr Verhältnis zum Teufel und zu bösen Geistern Auskunft geben.

Das für die Öffentlichkeit bestimmte Gerichtsurteil brachte nun einen neuen Tatbestand ins Spiel, das schlimmste weltliche Delikt überhaupt. Denn Vergiftung ist eine besonders heimtückische und hinterhältige Form der Tötung. Anna Göldi war laut Urteil offiziell zwar keine Hexe, aber eine eiskalte und hinterhältige Mörderin.

Wie der deutsche Historiker Wolfgang Behringer 2016 im Standardwerk über späte Hexenprozesse schrieb, sind Begriffsverschleierungen dieser Art bezeichnend für Hexenprozesse des 18. Jahrhunderts. Weil Hexerei und Zauberei durch öffentliche Diskussionen verpönte Reizwörter waren, versuchten Richter, den wahren Hintergrund eines Prozesses zu vertuschen, und schoben real existierende Delikte vor: Unzucht, Diebstahl, Verrat, Brandstiftung oder Vergiftung.

Das richterliche Verdikt vom 6. Juni 1782 überraschte nicht, fiel aber denkbar knapp aus. Journalist Heinrich Ludwig Lehmann berichtete später, ein Zufallsmehr von 30 zu 32 Stimmen habe den Ausschlag gegeben. Es fehlte nicht viel, und Anna Göldi wäre freigesprochen worden.

Doch am Ende gingen die Tschudis und ihre Verwandten und Anhänger als Sieger aus dem Prozess hervor. Sie setzten sich nicht nur im Verfahren gegen die Hauptangeklagten Anna Göldi und Rudolf Steinmüller durch; sie erreichten auch, dass der Arzt und Richter von allen Vorwürfen entlastet wurde. Damit ging Tschudis Taktik der «Opferbeschuldigung» voll auf, welche die ursprüngliche Klägerin oder Anzeigenerstatterin Anna Göldi zur Täterin und ihn selbst, den ursprünglich Angeklagten, zum Opfer gemacht hatte.

Der evangelische Rat sprach Doktor Tschudi von der Anschuldigung des «verbotenen fleischlichen Umgangs» mit Anna Göldi frei und stellte seine Ehre unter «Schutz und Schirm» des Staates, sodass er seine politische Laufbahn fortsetzen konnte. Zudem gewährte ihm das Gericht Einsicht in alle Verhörakten, aus denen sich ergab, dass die «unguten Gerüchte» über ihn «vollkommen unwahr» seien. Auch liess sich Doktor Tschudi mit Ratsbeschluss vom 31. Mai 1782 einen «förmlichen Legitimationsschein» ausstellen, der seine Unschuld für immer bezeugte. Er wollte sogar Abschriften öffentlich verteilen lassen. Doch ausgerechnet die Akten, die den Vorwurf der sexuellen Verfehlungen betrafen, blieben für immer verschollen.

Nebst der Hauptangeklagten Anna Göldi waren die Steinmüllers und Zwickys die Verlierer des Prozesses. Der Rat liess nicht nur das gesamte Vermögen von Rudolf Steinmüller beschlagnahmen, sondern verhängte auch noch eine Busse gegen seine Witwe, weil sie einen «schändlichen Brief» an ihren Mann ins Gefängnis geschickt und ihn «zum Leugnen» aufgefordert habe. Ferner habe sie die Suche nach belastenden Beweisstücken in ihrem Haus behindert, indem sie das Schreibpult ihres Ehemannes geöffnet und Blätter aus einem Buch herausgerissen habe.

Der evangelische Rat bestrafte schliesslich auch Doktor Melchior Zwicky, den früheren Liebhaber von Anna Göldi, unter anderem wegen «verbotenen fleischlichen Umgangs» und verurteilte ihn zu einer Busse von zweihundert Kronentalern. Zwicky habe, so der Rat, mit seiner Warnaktion die Verhaftung von Anna Göldi im Werdenbergischen vereitelt. Und er habe mit der Magd «ein Kind in Unehren gezeugt». Anna Göldi und Melchior Zwicky hatten die Geburt ihres gemeinsamen Kindes und dessen Taufe in Strassburg in den ersten Verhören verschwiegen, im Schlussverhör aber gestanden. Das Urteil hatte für Zwicky Amtsunfähigkeit zur Folge. Er durfte keine politischen Funktionen mehr ausüben. Das war nicht nur eine Schmach für den Molliser Arzt, sondern für die ganze Familie Zwicky, die wohlhabendste und einflussreichste im Land Glarus in jener Zeit.

Da es damals keine Weiterzugsmöglichkeit an ein höheres Gericht gab, waren die Urteile wie in Stein gemeisselt und traten sofort in Kraft. Der Rat setzte den Hinrichtungstag schleunigst auf den 13. Juni 1782 an und erteilte den beiden Scharfrichtern Volmar, die schon bei der Folterung zum Zug gekommen waren, den Auftrag, das blutige Werk auszuführen.

Kapitel 16 — Anna Göldi wird enthauptet

Anna Göldi starb nicht auf dem Scheiterhaufen, wie oft geglaubt wird. Sie kam – so war es damals bei Hinrichtungen üblich – durch das Richtschwert zu Tode. Das Richtschwert war 1,1 Meter lang, drei Kilo schwer, an der Spitze abgestumpft und hatte eine Klinge so scharf wie ein Rasiermesser.

Die Exekution fand am 13. Juni 1782 in Glarus auf dem damaligen Richtplatz statt. Dieser befand sich am Osthang des Galgenhügels, der heute Sonnenhügel heisst, in unmittelbarer Nähe des Kantonsspitals. Hinrichtungen waren ein makabres Spektakel und spielten sich vor Hunderten von Schaulustigen ab.

Der offizielle Akt begann auf dem Rathausplatz, bis zum Brand von Glarus im Jahr 1861 im Spielhof gelegen, wo der Landammann als höchster Richter das Todesurteil verkündete und über der unglücklichen Person den Stab brach. Darauf musste diese mit auf dem Rücken zusammengebundenen Händen und begleitet von den Ratsherren und Helebardenträgern durch das «Mördergässli», heute Asylstrasse genannt, zum Richtplatz beim «Ygruben» hinaufmarschieren. Meistens waren die zum Tod Verurteilten durch die Folter so schwer verletzt, dass sie auf einem Karren geschleppt werden mussten. Am Osthang des Galgenhügels befand sich ein durch ein Mauerwerk erhöhter kreisrunder Platz, wo der Scharfrichter seines Amtes waltete und die Exekution ausführte.

Die Rekrutierung der Scharfrichter stiess im Fall Göldi auf Schwierigkeiten. Der Henkerberuf war im 18. Jahrhundert wegen stark rückläufiger Todesurteile vom Aussterben be-

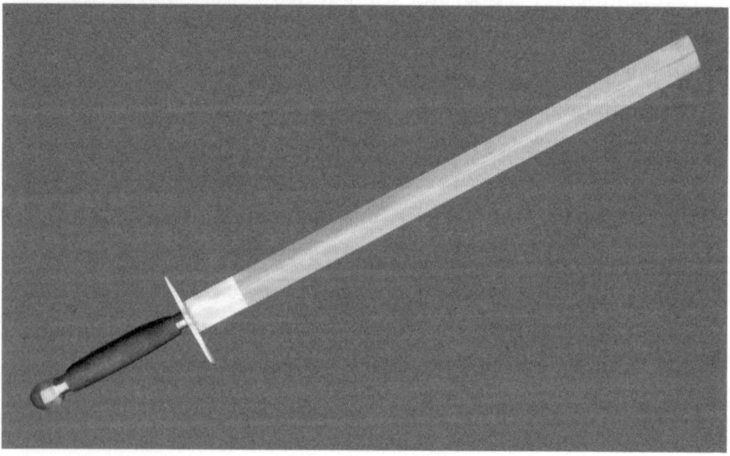

Oben: Glarus von Süden betrachtet, vor dem Brand von 1861. Im nördlichen Teil der Stadt, direkt hinter der früheren Pfarrkirche, ist der Galgenhügel sichtbar.
Unten: Mutmassliches Richtschwert von Johann Jakob Volmar

droht. Nur wenige Scharfrichter beherrschten das Handwerk und boten Gewähr für eine pannenfreie Durchführung. Aus Schwyzer Quellen weiss man, dass Scharfrichter mitunter mehrere Anläufe brauchten, um einem zum Tode Verurteilten den Kopf abzuschlagen.

Zudem erteilten die protestantischen Scharfrichter von Zürich und St. Gallen den Glarnern eine Absage. Möglicherweise hatten die dortigen Behörden ihr Veto eingelegt und wollten nicht in diesen konfliktbeladenen Fall hineingezogen werden.

Doch die Scharfrichter Franz Leonhard Volmar von Fischhausen und Johann Jakob Volmar von Wil halfen dem evangelischen Rat von Glarus aus der Klemme und übernahmen die schwierige Aufgabe. Der Einsatz katholischer Henker in einem protestantischen Gerichtsverfahren war zwar aussergewöhnlich, der Auftrag jedoch gut bezahlt: Die Scharfrichter bekamen ein Honorar von insgesamt 314 Gulden.

Der Fall Göldi ist zwar gut dokumentiert, aber seltsamerweise existieren keine zeitgenössischen Schilderungen zum öffentlichen Teil des Verfahrens, zur Enthauptung von Anna Göldi. Auch wenn zwei Scharfrichter für die Exekution von Anna Göldi aufgeboten wurden, dürfte Volmar von Wil, Chirurg und Scharfrichter, die Aufgabe übernommen haben. Er brachte das fachliche Rüstzeug mit und verfügte über zwei wichtige Arbeitsinstrumente: für medizinische Operationen das Skalpell und für Hinrichtungen das Richtschwert. Dieses war ein Erbstück seiner berühmten Vorfahren und hatte sich unzählige Male bewährt. Der 33-jährige Arzt und Henker wusste genau, welche Schwachstelle er zwischen den Halswirbeln treffen musste, um Kopf und Rumpf voneinander zu trennen.

So zynisch es klingen mag, Enthauptungen bedeuteten damals einen humanen Fortschritt des Strafvollzuges. In früheren Zeiten wurden Menschen gehängt, gerädert, lebendig begraben oder auf Scheiterhaufen verbrannt. Jetzt mussten sie nicht mehr lange leiden und um den Tod bitten. Ein gewiefter Scharfrichter setzte ihrem Leben mit einem präzisen und kraftvollen Hieb ein Ende.

Anna Göldi blieb selbst die letzte Ehre verwehrt, sie erhielt nicht einmal ein christliches Begräbnis. Ihre Leiche wurde in einem Loch verscharrt, vermutlich auf dem Galgenhügel direkt neben der Leiche von Rudolf Steinmüller. Die protestantische Kirche von Glarus trug sie nicht einmal ins Totenbuch der Gemeinde ein. Nach deren Verständnis hatte Anna Göldi nicht nur gegen weltliches Recht verstossen, sondern Verbrechen gegen Gott begangen und war unwürdig, die Gnade des Himmels zu empfangen.

Teil 2 — Empörung in der Presse und die Fahndung nach den Hochverrätern

Kapitel 17 — Welle der Entrüstung: Ein Journalist macht den Hexenprozess europaweit publik

Heinrich Ludwig Lehmann (1754–1828), ein aus Detershagen bei Magdeburg stammender Theologe und Publizist, führte ein beschauliches Leben bei der Aristokratenfamilie Jecklin im bündnerischen Rodels. Doch 1782 änderte sich das radikal: Der Journalist wurde einer der schärfsten Kritiker der Hexenprozesse der damaligen Zeit – und sein Leben geriet aus den Fugen.

Schon als 19-Jähriger, also rund zehn Jahre vorher, war Lehmann ins Bündnerland gekommen. Er verdiente seinen Lebensunterhalt als Privatlehrer bei wohlhabenden Familien, deren Sprösslinge er in Latein und Griechisch unterrichtete. Der junge Mann, der in Halle zwei Semester Theologie studiert hatte, war ein Freigeist mit republikanischer Gesinnung; er verfasste auch Publikationen über die Geschichte der rhätischen Alpentäler.

Das Bündnerland gehörte damals zu den Brennpunkten des Konfliktes um den Churer Priester und Teufelsaustreiber Johann Joseph Gassner (1727–1779) und wurde 1779 Schauplatz des vorletzten europäischen Hexenprozesses. Dieser fand im nur vierzig Kilometer von Chur entfernten Tinizong am Oberhalbstein statt und weckte die Neugier des deutschen Journalisten. Drei Jahre später, im Sommer 1782, traf er einen Schicksalsentscheid, als er erfuhr, dass sich ein weiterer Hexenprozess im benachbarten Glarus abgespielt hatte. Dieser Fall sollte sein weiteres Leben von Grund auf verändern und ihn nicht mehr loslassen.

Im Alter von 28 Jahren verliess er das ihm ans Herz gewachsene Domleschg und brach nach Glarus auf. Ende August 1782, weniger als zwei Monate nach der Hinrichtung von Anna Göldi, traf er dort ein und machte als erster Journalist Nachforschungen am Schauplatz des Geschehens.

Vom Recherchierdrang gepackt, wollte er herausfinden, was sich hinter dem mysteriösen Gerichtsfall verbarg, der im Juni 1782 einer Frau und angeblichen Hexe das Leben gekostet hatte. Freunde hatten ihm davon erzählt, doch er wollte sich selbst von der «ungeschminkten Wahrheit» überzeugen, wie er sein heikles Vorhaben begründete.

Die Mission war gefährlich. Denn es war unter Androhung von Strafe verboten, Entscheide von Gerichten in Frage zu stellen, geschweige denn zu kommentieren oder gar zu kritisieren. Im Todesurteil gegen Anna Göldi bedrohten die glarnerischen Behörden ausdrücklich jede Person, die das richterliche Verdikt «änzte, äferte oder schmähte»: Sie sollte dasselbe Schicksal erfahren wie Anna Göldi, also ebenfalls zum Tode verurteilt und hingerichtet werden.

Zunächst wurde Lehmann freundlich empfangen und gewann das Zutrauen der Obrigkeit. Denn als Motiv für seinen Aufenthalt gab er an, er wolle eine Streitschrift zu deren Ehrenrettung verfassen. Namentlich Camerarius Tschudi war Lehmann wohlgesinnt und unterstützte seine Recherchen. Lehmann soll als angehender Theologe sogar einmal von der Kanzel der Pfarrkirche in Glarus die Sonntagspredigt gehalten haben.

Am 10. Oktober 1782 schrieb der Glarner Pfarrherr dem Berner Geschichtsforscher und Staatsmann Gottlieb Emanuel von Haller (1735–1786), er habe Heinrich Ludwig Lehmann als «gründlich verständigen Mann» kennengelernt. Lehmann wolle «die Geschichte der hier justifizierten Göldin und wie dieselbe des Herrn Doktor Tschudis Töchterli verderbt und geheilet hat», durch eine Publikation bekannt machen. Das verdiene Aufmerksamkeit, der Autor sei ein «fremder unpartheiischer Wahrheitsforscher», so der Camerarius.

Lehmann erreichte, dass er alle Hauptfiguren des Prozesses persönlich kennenlernen und mit ihnen sprechen konnte. Sogar von Doktor Tschudis Familie und von Doktor Marti wurde er empfangen, und er diskutierte mit ihnen über Anna Göldi und den geheimnisvollen Justizfall.

Doch bereits Ende September 1782, fast auf den Tag genau einen Monat nach seiner Ankunft, traf Lehmann einen neuen folgenreichen Entscheid: Er brach seine Recherchen ab und verliess Glarus. Fluchtartig und für immer.

Kaum hatte Lehmann Glarus verlassen, überschlugen sich die Ereignisse. Der Hexenprozess rückte erstmals ins Rampenlicht der Öffentlichkeit – durch Publikationen zweier deutscher Journalisten: Der eine war der den Glarnern wohlbekannte Heinrich Ludwig Lehmann, Theologe und Lehrer aus dem bündnerischen Rodels, der zweite der bekannte Justizkritiker und Publizist Wilhelm Ludwig Wekhrlin (1739 bis 1792), ein Anhänger des französischen Philosophen Voltaire (1694–1778) und Herausgeber der *Chronologen,* einer in Nürnberg erscheinenden kritisch-satirischen Zeitschrift, die Willkür und Machtmissbrauch der Herrschenden anprangerte.

Beide machten mit ihren Schriften den Hexenprozess gegen Anna Göldi in breiten Kreisen publik und lösten am Ende

Heinrich Ludwig Lehmann (1754–1828)

Wilhem Ludwig Wekhrlin (1739–1792)

der Aufklärungsepoche europaweit eine Welle der Empörung aus.

In der Zeitschrift *Chronologen* schrieb Autor Wekhrlin erstmals im Oktober 1782 über die Glarner: «Ihr Winkel ist noch der einzige, so weit man deutsch spricht, der noch an Hexen glaubt.» Wekhrlin sprach offen aus, dass er Camerarius Tschudi, den mächtigen Pfarrherrn, und Doktor Johannes Marti, den medizinischen Gutachter, für die Drahtzieher des Hexenprozesses hielt. Den Camerarius nannte er in Anspielung auf den sittenstrengen Glaubensreformator, der zweihundertfünfzig Jahre zuvor Glarner Pfarrer war, demonstrativ «Zwingli» und «eines der grossen Triebräder» im Hexenprozess. Auch Doktor Marti habe eine bedenkliche Rolle gespielt. Er sei zum Kind gerufen worden und habe festgestellt, dass sich die Sache auf natürliche Weise nicht erklären lasse. Also müsse «der Teufel im Spiel sein».

Journalist Heinrich Ludwig Lehmann doppelte drei Monate später nach und veröffentlichte *Freundschaftliche und vertrauliche Briefe, den sehr berüchtigten Hexenhandel zu Glarus betreffend*. Sein Werk bestand aus zwei Heften, das erste erschien vermutlich Ende Januar 1783 in Ulm, das zweite rund einen Monat später im Verlag von Johann Caspar Füssli (1743–1786) in Zürich. Es ist die einzige eigenständige Publikation, die unmittelbar nach dem Göldi-Prozess in der Eidgenossenschaft gedruckt wurde. Das ist damit zu erklären, dass die Zürcher gegen das Todesurteil protestierten und mit den Glarnern im Streit lagen.

Den Göldi-Handel bezeichnete Lehmann als «verdecktes Essen» und deutete damit an, dass verschiedene Akteure des Prozesses davon profitierten. Überdies kritisierte er die politischen Verhältnisse im Land Glarus, wo ein paar wenige

Familien das Sagen hatten und den Gang der Politik und der Justiz bestimmten.

Als grösste Provokation empfand die glarnerische Obrigkeit, dass Lehmann im Anhang zu seinem letzten Heft mehrere geheime Aktenstücke des Prozesses veröffentlichte. Dazu gehörten unter anderem das Protokoll über die nächtlichen Heilungsvorgänge sowie das Schreiben von Camerarius Tschudi an seinen Zürcher Amtskollegen Johann Rudolf Ulrich, in dem der mächtige Glarner Pfarrherr noch während des laufenden Verfahrens das sich abzeichnende Todesurteil verteidigt hatte. Zudem liess Lehmann die beiden medizinischen Gutachten von Doktor Marti abdrucken, die das Schicksal von Anna Göldi besiegelten.

Schliesslich kündigte Lehmann die Veröffentlichung eines dritten Berichtes an, in dem er die gesamte Wahrheit offenlegen wollte – ohne jede Schonung der Herrschaftsfamilien Zwicky und Tschudi, wie Lehmann schrieb. Doch es blieb bei dieser blossen Drohung.

Lehmann machte mit seinen Recherchen und seiner Publikation den Hexenprozess in Glarus weit über die Landesgrenzen hinaus bekannt, doch seinem Anspruch, den rätselhaften Justizfall aufzuklären, wurde er nicht gerecht. Obwohl seine Briefe längst nicht so reisserisch geschrieben waren wie der *Chronologen*-Artikel von Wekhrlin, blieb der Privatlehrer aus Rodels in seiner Beurteilung des Prozesses vage und widersprüchlich. Einerseits schrieb er über die rätselhafte Erkrankung von Annamiggeli: «Die Geschichte ist wahr.» Andererseits sprach er von Betrug und Schwindel und spottete: «Schande, ewige Schande ists für meine liebe Schweiz, dass man daselbst noch 1782 an Hexen glaubt und sie hinrichtet.» Auch über die Hauptfiguren des Prozesses äusserte er sich auffallend zwiespältig. Manchmal tadelte er den Camerarius, Doktor Tschudi und Gutachter Marti, dann lobte er die gleichen Männer in höchsten Tönen.

Seine wankende Haltung lag wohl darin begründet, dass er anfänglich mit ihnen befreundet war und auch finanzielle Unterstützung erhielt, da sie sich von Lehmann eine Rechtfertigungsschrift erhofften. Doch je mehr Lehmann die Protagonisten des Justizfalles durchschaute, umso mehr wandte er sich von ihnen ab und wurde zum Enthüller des Hexenprozesses – und somit zum polizeilich gesuchten Landesverräter.

Wie sich später herausstellte, steckte Lehmann auch hinter der Veröffentlichung des *Chronologen*-Artikels des Publizisten Wekhrlin. Dieser war nie im Glarnerland gewesen und auf Informationen vom Ort des Geschehens angewiesen. Die glarnerischen Behörden verdächtigten Lehmann deshalb, der Verfasser des *Chronologen*-Artikels zu sein. Das würde bedeuten: Lehmann sandte Informationen in Schriftform nach Nürnberg, wo das elfseitige Pamphlet im Oktober 1782 unter dem Namen Wekhrlin erschien.

Lehmann hatte acht Jahre lang bei Aristokratenfamilien im Bündnerland ein komfortables Leben geführt und zum Beispiel seine Sommerferien im damals schon berühmten Badekurort St. Moritz genossen. Doch jetzt musste er, ein von den glarnerischen Behörden verfolgter Staatsfeind, um sein Leben fürchten. Er tauchte bei Freunden zuerst in St. Gallen und danach in Zürich unter, wo sich die Lage für ihn im März 1783 zuspitzte: «Ich bin in grosser Gefahr», notierte er. «Alles ist gegen mich aufgebracht.»

Kapitel 18 — Die Fahndung nach dem grossen Unbekannten

Die glarnerische Obrigkeit gab sich überzeugt, dass sie im Recht sei und Anna Göldi ihre gerechte Strafe erhalten habe. Darum ging sie in aller Schärfe gegen Wilhelm Ludwig Wekhrlin und Heinrich Ludwig Lehmann vor, die plötzlich für Wirbel in den Medien sorgten. Gemäss Beschluss der Landsgemeinde vom 30. April 1783 sollten sie vor den evangelischen Rat geladen und ansonsten im Abwesenheitsverfahren abgeurteilt werden.

Den beiden wurde nichts Geringeres als Landesverrat vorgeworfen. Das galt als schweres Kapitaldelikt und zog die grausamsten Todesstrafen nach sich. In früherer Zeit wurde Landesverrätern das Herz bei lebendigem Leib herausgerissen.

Wekhrlin und Lehmann hatten laut Behörden nicht nur eine «Schmähung gegen die Obrigkeit» begangen, sondern auch amtliche Geheimnisse verraten. Journalist Heinrich Ludwig Lehmann wurde zur Last gelegt, sogar geheime Staatsdokumente entwendet und in der ausländischen Presse veröffentlicht zu haben.

Das Protokoll über die nächtlichen Heilungszeremonien, die beiden ärztlichen Gutachten von Doktor Marti sowie die Korrespondenz zwischen dem Grossmünsterpfarrer und Camerarius Tschudi waren höchst brisante Akten, die auf keinen Fall für die Öffentlichkeit bestimmt waren. Sie sollten im Gegenteil streng unter Verschluss gehalten werden.

Die glarnerischen Behörden gaben sich mit den Klagen

gegen die Publizisten nicht zufrieden. Sie wollten nicht nur Wekhrlin und Lehmann verhaften lassen, sondern mit allen Mitteln auch die Person ausfindig machen, die dem deutschen Journalisten Lehmann die geheimen Prozessakten ausgehändigt und damit die glarnerische Obrigkeit in der ausländischen Presse zum Gespött gemacht hatte. Der Verräter musste zum innersten Machtzirkel des Landes Glarus gehören und Zugang zu den geheimsten Informationen haben. Doch wer war dieser grosse Unbekannte, der inländische Geheimnisse ans Ausland verraten hatte? Wer war, wie wir heute sagen würden, der Whistleblower im Glarner Hexenprozess?

Die Obrigkeit erliess Ende April 1783 einen vier Punkte umfassenden Fragenkatalog, die «Puncta, auf die man schwören sollte». Damit stellte sie sich selbst gewissermassen eine Generalvollmacht aus, die gesamte Bevölkerung in die Ermittlungen einzubeziehen und bei der Ergreifung der Täterschaft mitzuwirken zu lassen. Jede Person konnte auf blossen Verdacht hin verhaftet und zur Aussage unter Eid gezwungen werden.

Konkret musste man dem Ratsbeschluss entsprechend auf folgende Punkte schwören: erstens, weder Wekhrlin noch Lehmann noch sonst einen Zeitungsschreiber schriftlich oder mündlich veranlasst zu haben, etwas über die hingerichtete Anna Göldi zu veröffentlichen; zweitens, Lehmann nicht die Akten gegeben zu haben, aus denen er im zweiten Heft zitierte; drittens, keine Akten ausgehändigt zu haben, die noch nicht gedruckt worden seien; viertens schliesslich, keine Kenntnis von Personen zu haben, die Akten an Lehmann übergeben oder diesen mündlich informiert hätten.

Um Wekhrlin zur Rechenschaft zu ziehen, hatte der Rat in Glarus schon anfangs 1783 bei der Felseckerschen Buchhandlung in Nürnberg interveniert, wo die *Chronologen* gedruckt wurden. Doch die Buchhandlung erklärte sich als nicht zuständig und verwies die Glarner Gesuchsteller an Fürst Kraft Ernst von Oettingen-Wallerstein, der an Wekhrlins damaligem Wohnort Baldingen residierte. Auch der Fürst kümmerte sich indes wenig um die Proteste aus Glarus. Zwar lud er Wekhrlin zu einem Gespräch ein und drückte ihm sein Missfallen aus. Dabei liess er es aber bewenden und lehnte es ab, den widerspenstigen Journalisten gefangen zu nehmen und an die Glarner auszuliefern. Darauf teilten diese im Juni 1783 dem Fürsten zornig mit, sie könnten seine Haltung nicht akzeptieren. Denn die *Chronologen* seien voll «von boshafter Verleumdung, Falschheit, Frechheit und Respectlosigkeit».

Die glarnerische Regierung war derart aufgebracht, dass sie Wekhrlin als ehrlos erklärte und die *Chronologen* durch den Scharfrichter in Glarus öffentlich verbrennen liess. Auf Wekhrlins Kopf wurde eine Belohnung von hundert Kronentalern ausgesetzt. In dem an alle eidgenössischen Stände verschickten Steckbrief hiess es über den Gesuchten, er sei «30 Jahre alt, mit bleichem und magerem Gesicht», klein, mit dünnen Beinen – und überhaupt ein hässlicher Mensch mit «unansehnlichem Cörper».

Wekhrlin verweigerte gegenüber den glarnerischen Behörden jegliche Auskunft und leistete der Vorladung vor den Rat keine Folge. Ein Jahr später schrieb er in einem öffentlichen Kommentar, man könne nur von einem «Tollhäusler» erwarten, dass er sich freiwillig vor die Schranken stelle, «wo die Partei zugleich Richter sei, vor einem Magistrat, der wegen seines rachsüchtigen und regellosen Verfahrens sich berüchtigt gemacht» habe.

Nach Darstellung von Wekhrlin hatte die Glarner Regierung den Handelsmann Joachim Legler zu ihm nach Baldingen geschickt. Dieser habe ihm Geld angeboten für den Fall, dass er sich freiwillig stelle und die Personen nenne, die bei der Veröffentlichung des *Chronologen*-Artikels mit ihm zusammengearbeitet hätten. Auch dieser Versuch, den deutschen Publizisten umzustimmen, scheiterte. In einer weiteren Ausgabe seiner Zeitschrift prophezeite Wekhrlin, schon bald werde auch die Obrigkeit einsehen müssen, dass ihr eigenes Handeln mehr Schaden anrichte als kritische Schriften oder Zeitungsartikel. Diese seien notwendig und ein «eiserner Keil im Nacken der Tyrannen».

Wekhrlin wusste sich in seiner Heimat unter dem Schutz des Fürsten in Sicherheit, doch der flüchtige Lehmann geriet in Zürich in eine immer bedrohlichere Lage. Zum einen waren ihm die Glarner auf den Fersen, zum anderen konnte er sich keineswegs auf den Schutz der Obrigkeit in Zürich verlassen. Denn diese hatte nur zwei Jahre vor dem Anna-Göldi-Prozess ein anderes unrühmliches Kapitel der schweizerischen Justizgeschichte geschrieben, das sie nun einzuholen drohte: die Hinrichtung des Zürcher Pfarrers Johann Heinrich Waser (1742–1780).

Waser war ein aufklärerischer Geist und ungestümer Oppositioneller, der mit der städtischen Oberschicht ständig Streit hatte. Zum Verhängnis wurde ihm, dass er die Soldverträge geisselte, welche die eidgenössischen Orte mit den französischen Königen schlossen. Mit dem Blut, das die Eidgenossen für Frankreich vergossen haben, könne man einen Kanal von Paris bis Basel füllen, schrieb Waser. Als er angeblich geheime Staatsdokumente in der deutschen Zeitschrift *Briefwechsel* veröffentlichte, schritt die zürcherische Obrigkeit ein und stellte ihn vor Gericht. Pfarrer Waser, heute als Märtyrer der schweizerischen Pressefreiheit gefeiert, wurde 1780 als Landesverräter enthauptet.

Seine Hinrichtung war aufgrund desselben Delikts erfolgt, das Heinrich Ludwig Lehmann im Fall Anna Göldi vorgeworfen wurde und das dem deutschen Journalisten nun ebenfalls zum Verhängnis werden sollte. Drohte nach dem Fall Waser und dem Fall Göldi nun auch noch ein Fall Lehmann?

Tatsache ist: Mit allen Mitteln versuchten die Glarner Behörden, Lehmann gefangen zu nehmen und ihn nach Glarus zurückzuschaffen. Dort würde er – so das Kalkül – unter dem Druck der Haft sein Schweigen brechen und den glarnerischen Verräter, den grossen Unbekannten, auffliegen lassen.

Doch Lehmann hatte Glück und entging seiner Ergreifung. Ende März 1783 verliess er Zürich und die Eidgenossenschaft in aller Eile und setzte sich nach Neuenburg ab, das damals zu Preussen gehörte. Wie er berichtete, hiessen ihn die Behörden zunächst willkommen. Der Staatsrat und -kanzler von Neuenburg und Valangin, Jérôme-Emmanuel Boyve (1731 bis 1810), gewährte ihm sogar politisches Asyl, allerdings nur vorübergehend.

Als die Glarner den Flüchtigen auch dort aufspürten und Kanzler Boyve unter Druck setzten, sah der ehemalige Theologiestudent und Privatlehrer nur noch eine Rettung. Wie wir heute wissen, ergriff er von Neuenburg aus abermals die Flucht und tauchte im Sommer 1784 in der Anonymität der italienischen Hafenstadt Genua unter, wo er lange Zeit unauffindbar blieb und sich dem Zugriff der glarnerischen Strafverfolger endgültig entzog. Erst nach zwei Jahren auf der Flucht konnte der als klein und krummbeinig beschriebene Journalist entkommen.

Später kehrte Lehmann in die Eidgenossenschaft zurück und liess sich in Büren bei Bern nieder, wo er als Lehrer der Stadtschule wirkte. Lehmann bekam aber auch dort wegen seiner demokratischen Gesinnung Probleme und geriet in die Mühlen der Justiz. Die aristokratische Regierung in Bern warf ihm vor, ein Anhänger der Französischen Revolution zu sein und Schriften gegen die Unterdrückung der bernischen Untertanengebiete in der Waadt verfasst zu haben. Er wurde verhaftet und 1794 aus der Eidgenossenschaft ausgewiesen.

Auch nach der Rückkehr in seine deutsche Heimat kam er nicht zur Ruhe. Als Mitbegründer regierungskritischer Zeitungen in Magdeburg provozierte er die dortigen Machthaber und wurde wegen revolutionärer Umtriebe ins Gefängnis gesteckt.

Im Jahr 1799, 17 Jahre nach dem Todesurteil gegen Anna Göldi, rechnete Lehmann mit den Glarnern ab und schrieb in einer in Leipzig erschienenen Abhandlung über die «sich freywähnenden Schweizer», das Land Glarus zeichne sich gegenüber den anderen eidgenössischen Orten durch drei Besonderheiten aus: «Käse, Hexen und republikanischen Ahnenstolz».

Was die glarnerische Obrigkeit jedoch noch mehr ärgerte: Lehmann behielt den Namen des grossen Unbekannten, des Whistleblowers im Hexenprozess, bis zu seinem Tod für sich. Bereits in seinen Briefen zum Hexenhandel hatte er sich entschlossen gezeigt: «Keine Seele wird jemals von mir erfahren, wer mir diese Akten ausgehändigt hat.»

Kapitel 19 — Der Fall Göldi wird trotz Zensur zum Medienereignis

Die Publikationen von Wilhelm Ludwig Wekhrlin und Heinrich Ludwig Lehmann über den Hexenprozess in Glarus lösten eine Flut weiterer Presseartikel in ganz Europa aus. Im Januar 1783 berichteten gleich mehrere Blätter über den Fall. In der *Erlanger Real-Zeitung* zum Beispiel griff ein anonymer Autor den Fall Göldi auf und richtete heftige Vorwürfe gegen Pfarrer Tschudi, den er «als eines der grossen Triebräder des tragischen Possenspiels» bezeichnete. Aus Angst um ihren guten Ruf hätten die Glarner Anna Göldi als Vergifterin und nicht als Hexe verurteilt. Der *Reichs-Post-Reuter,* der in Altona bei Hamburg herausgegeben wurde, stellte in seiner Ausgabe vom 4. Januar 1783 eine rhetorische Frage: «Werden unsere Leser es auch glauben, wenn wir Ihnen melden, dass man noch im verwichenen Jahre in einem der Reformierten Religion zugetanenen Orte eine Weibsperson als Hexe eingezogen, gefoltert, und hernach als eine Giftmischerin durch das Schwert hingerichtet hat.» Die holländische Zeitung *Haarlemse Courant* berichtete am 14. Januar 1783 über den Hexenprozess im «Vlek Glarus in Zwitserland» (Ort Glarus in der Schweiz) und schrieb, ins Deutsche übersetzt: «Sollte man glauben, dass in diesem Jahrhundert, das so manchmal das erleuchtete, das philosophische Jahrhundert genannt wird, und selbst noch in diesem vergangenen Jahr ein Frauenzimmer wegen Zauberei zu Tode gebracht wurde.»

Grosse Bedeutung erlangte die Veröffentlichung des deutschen Historikers und Juristen August Ludwig Schlözer

(1735–1809). Sein Artikel in den Göttinger *Stats-Anzeigen* vom 31. Januar 1783 trug den Titel «Abermaliger Justizmord in der Schweiz». Schlözer gilt als Schöpfer des Wortes «Justizmord», das er im Zusammenhang mit der Verurteilung von Anna Göldi geprägt hat. Zur Erläuterung schrieb er: «Ich verstehe unter diesem neuen Wort die Ermordung eines Unschuldigen, vorsetzlich, und sogar mit allem Pompe der heiligen Justiz verübt.»

Auch die *Berlinische Monatsschrift* kritisierte im Mai 1783 die Verurteilung der Anna Göldi, die nie eine faire Chance gehabt habe, sich gegen die Vorwürfe zu wehren, und schon im Steckbrief vom Frühjahr 1782 als schuldige Übeltäterin gebrandmarkt worden sei. Und die *Göttingschen Anzeigen* vom 19. Juli 1783 bemängelten das Fehlen unbefangener und unparteiischer Richter. Nicht finsterer Aberglaube des Volkes sei schuld am Fehlurteil, sondern aufgeklärte Richter und Ärzte haben sich vom «Gedanken der Zauberey blenden lassen».

Ein wichtiger Berichterstatter war der Ulmer Publizist Johann Michael Afsprung (1748–1808), der nebst Lehmann den Fall aus eigener Anschauung beurteilen konnte und 1784 in Leipzig einen Bericht mit dem Titel *Reise durch einige Cantone der Eidgenossenschaft* veröffentlichte. Afsprung weilte im Frühling 1782 in Glarus und sprach mit mehreren Zeugen, reiste jedoch schon Ende Mai ab, als Anna Göldis Verurteilung zum Tode absehbar war. Er hatte Doktor Tschudi, den Vater des angeblich verzauberten Kindes, mit dem Vorwurf konfrontiert, sich in die Untersuchung eingemischt zu haben, was nicht ohne Folgen blieb. Afsprung, späterer Anhänger der Französischen Revolution, ergriff die Flucht – wie Lehmann ein paar Monate später.

Die meisten Publikationen befassen sich nicht zuletzt mit Schlossermeister Steinmüller. Er wird als Sonderling dargestellt, der jedoch niemandem etwas zuleide getan hat. Er sei «ein kleines kahlköpfiges altes Männchen mit hervorstechenden Augen, grosser Nase», hiess es, rachsüchtig, zornig, anderseits aber arbeitsam und ein fleissiger Kirchgänger. «Ein Mittelding zwischen böse und gut.» Steinmüller sei in den Prozess hineingezogen worden, weil sich am Anfang niemand erklären konnte, wie so viele Stecknadeln von der Milchtasse in den Magen des Kindes Annamiggeli gelangen konnten. Darum sei die Geschichte vom Leckerli, einem verführerisch süssen Gebäck, ins Spiel gekommen.

Es gab nur eine Publikation, welche die Hinrichtung von Anna Göldi vorbehaltlos rechtfertigte: der 1783 in Basel erschienene *Historische Bericht von dem Hexen-Prozess in Glarus im Jahr 1782 Oder Wahrhafte Erzehlung von dem Verbrechen, der Gefangennehmung, Befragung und endlichen Verurtheilung einer rachgierigen Weibsperson in Glarus, wegen ihrer Merkwürdigkeit kurz zusammengefasst und in Druck gegeben.* Es ist zu vermuten, dass die siebenseitige Verteidigungsschrift von amtlicher glarnerischer Seite verfasst oder in Auftrag gegeben wurde. Die Schrift erschien anonym und stimmt inhaltlich mit der Verteidigungsschrift, die Camerarius Tschudi an den Zürcher Amtskollegen Johann Rudolf Ulrich gerichtet hatte, sowie mit der offiziellen Begründung des Todesurteils auffallend überein. Laut dem anonymen Erzähler habe sich Anna Göldi am unschuldigen Kind für das Herunterzerren der Kappe rächen wollen und deshalb ihren Komplizen Steinmüller eingeschaltet. Das Leckerli habe «eine Art Zauberkraft gehabt», denn niemand könne sonst begreifen, wie die Nadeln in den Leib des Kindes gelangt seien. Die Schrift endete mit der Bemerkung, die Magd sei für ihre «ruchlose Tat» zu Recht mit dem Tod bestraft worden.

Es liegt auf der Hand, dass Publizisten wie Lehmann und Afsprung, die weite Reisen unternahmen und über ein verzweigtes Beziehungsnetz verfügten, ihre Kenntnisse vom Hexenhandel in Glarus an eine ganze Reihe von Verlegern und Redaktoren weitergaben. Jede Publikation machte den Fall noch bekannter und spornte weitere Journalisten an, darüber zu berichten. Das war jedoch streng verboten. Sowohl in der Eidgenossenschaft als auch in den meisten deutschen Territorien gab es keine Meinungsäusserungs- und Pressefreiheit. Eine autoritäre Zensur schützte die Obrigkeit vor kritischen Angriffen der Druckerpresse. Gleichwohl gab es im 18. Jahrhundert in Deutschland eine wachsende Zahl von Fürstentümern, die der Presse gegenüber liberal eingestellt waren und Zeitungen und Zeitschriften überraschend grosse Freiheiten gewährten.

Solche Oasen der Pressefreiheit nutzten findige Journalisten wie Wekhrlin, Lehmann und Afsprung. Sie setzten sich über das im Todesurteil gegen Anna Göldi festgeschriebene Kommentierungsverbot hinweg und umgingen die strenge Pressezensur der Eidgenossenschaft. Mit ihren kritischen Schriften sorgten sie im aufgeklärten Europa für Aufsehen.

Mit dieser Entwicklung hatten die glarnerischen Behörden nicht gerechnet. Ursprünglich handelte es sich beim Fall Göldi um eine Privataffäre zwischen der Magd aus Sennwald und Doktor Tschudi. Daraus wurde ein Justizdrama mit öffentlicher Hinrichtung der Übeltäterin. Und jetzt sogar ein Hexenprozess, der wenige Jahre nach dem Bayerischen Hexenkrieg und dem Gassner-Konflikt zu einem Medienereignis im Europa des späten 18. Jahrhunderts geriet.

Kapitel 20 — Ein brisantes Tagebuch kommt nach 238 Jahren nach Glarus zurück — und deckt den Whistleblower auf

Es war lange ein streng gehütetes Geheimnis: Die Familie Lehmann im deutschen Zweibrücken, Rheinland-Pfalz, besass ein Tagebuch ihres Vorfahren Heinrich Ludwig, das es wahrlich in sich hat. Der Journalist hatte es auf allen seinen Reisen dabei und hielt darin seine Begegnung mit wichtigen Personen fest. Das macht das Reisetagebuch, im Fachjargon Stammbuch genannt, gerade in Bezug auf den Fall Anna Göldi zu einer höchst wertvollen und ergiebigen Quelle. Denn Lehmann hatte es auch während seiner Recherchen im September 1782 in Glarus bei sich – und dann bei seiner Flucht. Aus dem Reise- wurde so ein Fluchttagebuch.

238 Jahre später, am 20. Oktober 2020, überreichte Professor Harald Lehmann, ein Urneffe des Journalisten Heinrich Ludwig Lehmann, diese einmalige Trouvaille der Anna-Göldi-Stiftung – als Geschenk für die jahrelange Freundschaft und gemeinsame Forschungstätigkeit. In Lehmanns Bibliothekszimmer, wo 2006 das Dokument entdeckt worden war, fand dessen Übergabe an die Stiftung statt. Heute kann das originale Stammbuch unter Sicherheitsauflagen im Anna Göldi Museum in Glarus eingesehen werden.

Gerade weil die meisten Originalakten zum Göldi-Fall verschollen sind, gehört es heute zu den bedeutendsten Dokumenten des Hexenprozesses. Besonders bemerkenswert: Alle wichtigen Figuren haben sich darin mit einer eigenen handschriftlichen Widmung verewigt. Auch Camerarius Tschudi, Doktor Tschudi, Gutachter Marti und sogar das angeblich verzauberte Kind Annamiggeli kommen mit persönlichen Eintragungen vor, ergänzt durch persönliche Anmerkungen von Lehmann.

Der wesentlichste Eintrag im Tagebuch stammt vom 2. September 1782 und entlarvt den unbekannten Informanten, den Whistleblower, der 1782 die Akten an den Journalisten Lehmann herausgegeben und ihm geheime Informationen über den Prozess geliefert hatte: Es war Johann Melchior Kubli, der damals 32-jährige Landschreiber und Protokollführer des Anna-Göldi-Prozesses.

Dabei wirkt der Eintrag Kublis höchst unauffällig und unspektakulär. «Mir widerfährt viel Ehre, mich [zu den] Freunde[n] meines teuersten H[err]n Lehmann zählen zu können. Das Andenken an ihn bleibt bei mir jederzeit unvergesslich schätzbar. Gott segne ihn, so wie ich wünsche, dass ich gesegnet werde, durchdrungen von unvorstellbarer Liebe und Hochachtung gegen H. Lehmann unterschreibe ich.» Dann folgt die brisante Passage, wo Lehmann über Kubli schreibt: «Er war es, der mir die Acten des berüchtigten Hexenhandels mitteilte, die ich im Auszuge drucken liess [...].»

Aus damaliger Sicht ist das Reisetagebuch ein Corpus Delicti, ein Beweisstück. Wäre es in die Hände der glarnerischen Behörden geraten, hätte das nicht nur Heinrich Ludwig Lehmann, sondern auch Johann Melchior Kubli wegen Landesverrates den Kopf gekostet. Was bei Kubli besonders schwer ins Gewicht gefallen wäre: Er war Glarner, ein einheimischer Amtsträger, der Geheimnisse des Landes Glarus ans Ausland verraten hatte.

Aus heutiger Sicht ist das Reisetagebuch eine Kostbarkeit

von unschätzbarem Wert. Es dokumentiert einen der ersten grossen Whistleblowing-Fälle in Europa und beleuchtet ein wichtiges Kapitel aus der Pionierzeit der schweizerischen Pressegeschichte. Der deutsche Journalist Lehmann und der Glarner Landschreiber Kubli haben unter Todesgefahr – zwei Jahre nach der Hinrichtung des Landesverräters Johann Heinrich Waser in Zürich – für die freie Presse in unserem Land eine Lanze gebrochen.

Das sogenannte Stammbuch von Lehmann ist eine Art Poesiealbum, es hat einen kunstvoll verzierten Umschlag und trägt den Titel in lateinischer Sprache: «Ara Fautoribus Amicisque consecrata, ab H. L. Lehmanno.» Auf Deutsch: Poesiealbum, Gönnern und Freunden gewidmet von H. L. Lehmann (wortwörtlich übersetzt: Ein Altar von H. L. Lehmann Gönnern und Freunden geweiht).

Das Dokument beginnt mit Einträgen im Jahr 1773 aus den deutschen Universitätsstädten Göttingen und Heidelberg, wo Lehmann auf seiner Reise in die Schweiz Halt machte. Und es führt weiter in die Zeit seines mehr als achtjährigen Aufenthaltes im Bündnerland, währenddem sich zahlreiche bekannte Persönlichkeiten der Aristokratenfamilien Blumenthal, Sprecher, von Planta, von Salis und Jecklin ins Buch eingetragen haben. Ab Anfang Oktober 1782 zeigt das Buch die Fluchtwege Lehmanns bis nach Neuenburg auf, wo er im März 1784, noch vor seiner Flucht nach Genua, verzweifelt protokollierte, er werde «wie eine Stecknadel gesucht».

Insgesamt umfasst das Stammbuch von Lehmann eine Zeitspanne von 44 Jahren und endet 1817 mit Kommentaren aus seiner Heimatstadt Magdeburg, wo er auch seinen Lebensabend verbrachte. Sein letzter Eintrag erfolgte am 7. September 1817 im Zusammenhang mit einem tragischen Familienereignis. An diesem Tag trug Lehmann am Geburtstag seiner jüngeren Tochter seine ältere Tochter zu Grabe.

Lange Zeit war dieses Dokument in der Öffentlichkeit unbekannt. Erst Professor Harald Lehmann, ehemaliger Chefarzt mit Jahrgang 1940, lüftete das Geheimnis und stellte das Buch vor bald 15 Jahren der Öffentlichkeit vor. Er ist ein Nachkomme in der sechsten Generation von Heinrich Franz Lehmann (1764–1846) aus Halle, dem jüngeren Bruder von Heinrich Ludwig Lehmann. Professor Harald Lehmann hat den Nachlass seines Uronkels über Jahrzehnte hinweg zusammengetragen und verfügt heute über eine Sammlung von mehr als sechzig Schriften von Heinrich Ludwig Lehmann. Darunter das Tagebuch, das er der Anna-Göldi-Stiftung jetzt geschenkt hat, damit es der Nachwelt erhalten bleibt und für weitere Forschungen benützt werden kann.

Mit der Schenkung fand etwas statt, was der seinerzeitige Prozesskritiker Heinrich Ludwig Lehmann sicherlich nie für möglich gehalten hätte: Im Jahr 2020, fast 240 Jahre nach seinen Recherchen zum Hexenprozess, ist sein ursprüngliches Reise- und spätere Fluchttagebuch nach Glarus zurückgekommen – an den Tatort des Landesverrates.

Lehmann und Kubli hatten sich am 2. September 1782 getroffen – vermutlich in Kublis Haus in Netstal. Obwohl sich die beiden zuvor nicht kannten, konnten sie schnell Vertrauen zueinander finden. Sie waren etwa gleich alt, Demokraten und standen am Anfang ihrer beruflichen Laufbahn.

Melchior Kubli ist offensichtlich nicht in den Kreis der Verdächtigen geraten: Die Behörden wussten zwar, dass er ein Gegner des Todesurteils gegen Anna Göldi war, aber einen

Verrat trauten sie ihm nicht zu. Kubli war in jungen Jahren ein treuer Staatsdiener, der ohne grosse Worte seine Aufgaben wahrnahm und – wie der Fall Göldi zeigt – äusserst sorgfältig und pflichtbewusst Protokoll führte.

Deckblatt von Heinrich Ludwig Lehmanns Stammbuch, «Ara Fautoribus Amisque consecrata ab H. L. Lehmanno, Ostern 1773» (Denkmal unverbrüchlicher Gönner und Freunde von H. L. Lehmann, Ostern 1773)

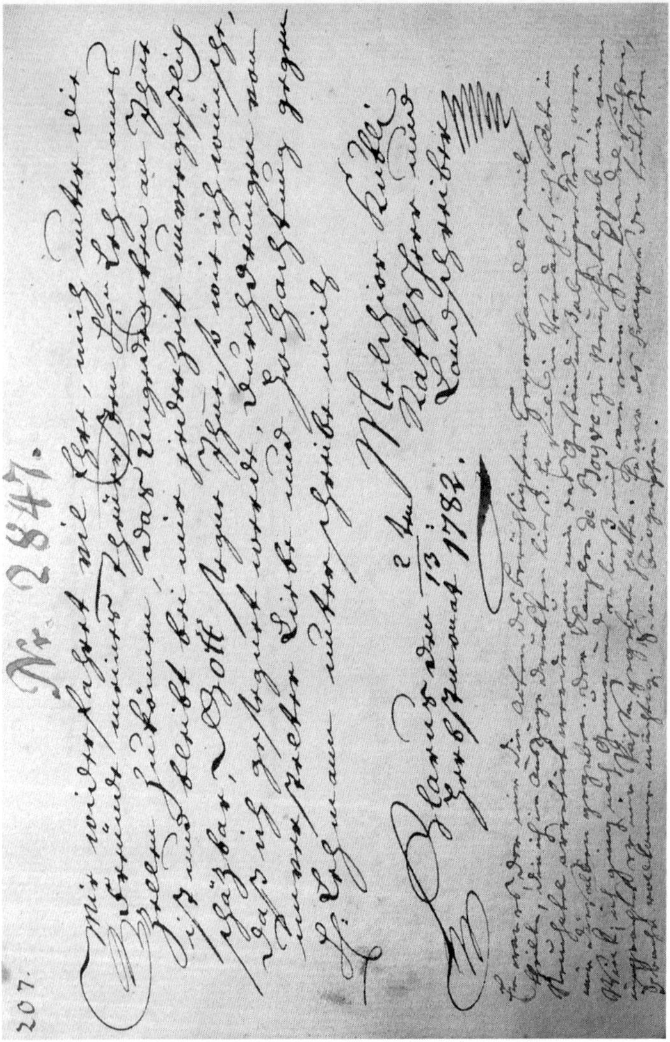

Eintrag von Johann Melchior Kubli vom 2./13. Sept. 1782 in Heinrich Ludwig Lehmanns Stammbuch: «Mir widerfährt viel Ehre, mich unter die Freunde meines teuersten Herrn Lehmanns zählen zu können, das Andenken an ihn ist und bleibt bei mir jederzeit unvergesslich schätzbar. Gott segne ihn, so wie ich wünsche, dass ich gesegnet werde, durchdrungen von unvorstellbarer Liebe und Hochachtung gegen H. Lehmann unterschreibe ich.» Kubli unterzeichnete als «Ratsherr und Landschreiber».

Darunter steht Lehmanns Vermerk, womit sich Kubli als Whistleblower verifizieren lässt: «Er war es, der mir die Acten des berüchtigten Hexenhandels mitteilte, die ich im Auszuge drucken liess […]».

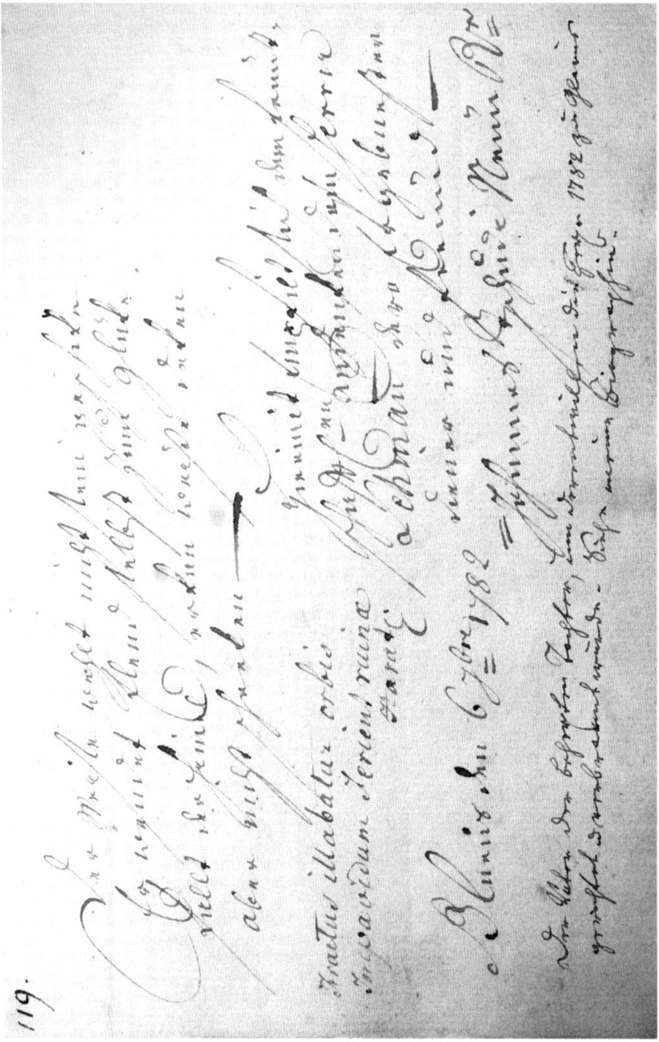

Eintrag von Doktor Tschudi vom 6. Sept. 1782 in Heinrich Ludwig Lehmanns Stammbuch: «Der Weise wählt nicht sein Geschicke, er wendet Elend selbst zum Glücke. [...] er kann weise denken, aber nicht schenken. Hiermit empfiehlt sich dem freundschaftlichen Andenken dem Herrn Lehmann dero ergebenster Diener und Freund.» Und Tschudi ergänzte auf Lateinisch: «Fractus illabatur orbis impavidum ferient ruinae.» (Wenn die Welt zusammenstürzt, werden die Ruinen den Unerschrockenen erschlagen.) Der Dienstherr unterzeichnete als «Johannes Tschudi Neunerrichter».

Darunter notierte Lehmann (ohne Datum): «Der Vater der behexten Tochter, um derentwillen die Hexe 1782 zu Glarus gerichtet und verbrannt wurde [Anna Göldi wurde mit dem Schwert hingerichtet, Anm. d. A.].»

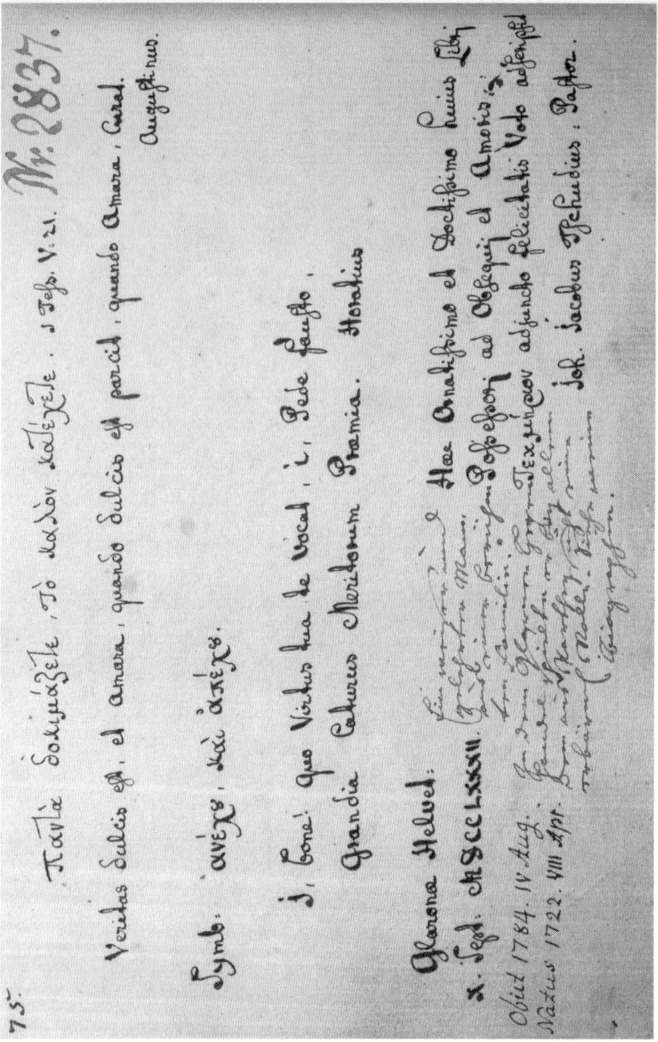

75.

Πάντα δοκιμάζετε, τὸ καλὸν κατέχετε. 1 Thess. V. 21. Nr. 2837.

Veritas dulcis est, et amara, quando dulcis est parcit, quando amara, curat. Augustinus.

Symb. ἀνέχου, καὶ ἀπέχου.

I, bone! quo Virtus tua te vocat, i, pede fausto. Grandia laturus Meritorum Praemia. Horatius

Glaronae Helvet: X. Sept. MDCCLXXXII. Haec Ornatissimo et Doctissimo huius Libri Possessori ad Obsequii et Amoris … adjuncto felicitatis Voto adscripsit Joh. Jacobus Tschudius: Pastor.

Obiit 1784. IV Aug. Natus 1722. VIII Apr.

Ein weiser und gelehrter Mann aus einer berühmten Familie.

Eintrag von Camerarius Tschudi vom 10. Sept. 1782 in Heinrich Ludwig Lehmanns Stammbuch. Auf Griechisch zitierte er von Augustinus: «Prüft alles, behaltet das Schöne. Gedulde Dich und halte Dich fern.» Auf Lateinisch fügte er Horaz hinzu: «Die Wahrheit ist süss und bitter, wenn sie süss ist, schont sie, wenn sie bitter ist, heilt sie.» Der Pfarrer unterzeichnete als «Joh. Jacobus Tschudius: Pastor».

Lehmann kommentierte: «Ein weiser und gelehrter Mann aus einer berühmten Familie.»

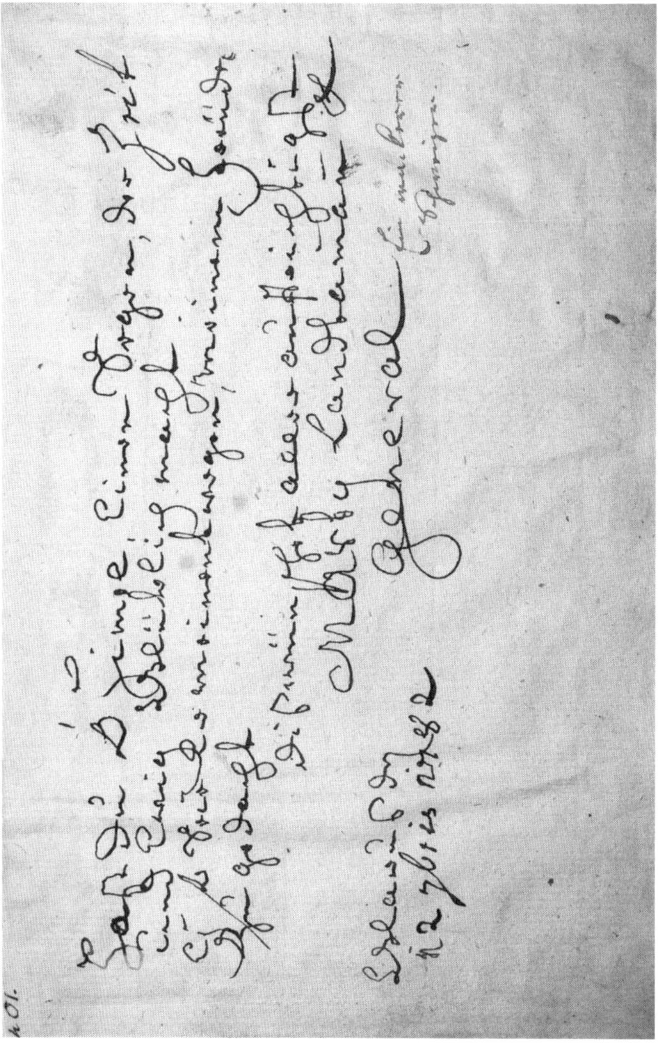

Eintrag von Bartholome Marti vom 12. Sept. 1782 in Heinrich Ludwig Lehmanns Stammbuch: «Hast Du O Himel einen Segen, der Zeit und Ewig Glücklich macht. Ej so seie er meinetwegen, meinem Freunde zugedacht. Dis wünschet allerauffrichtigst», unterzeichnet vom Gerichtsvorsitzenden als «Marty Landtammann & General».

Dazu Lehmann: «Ein wackerer Schweizer.»

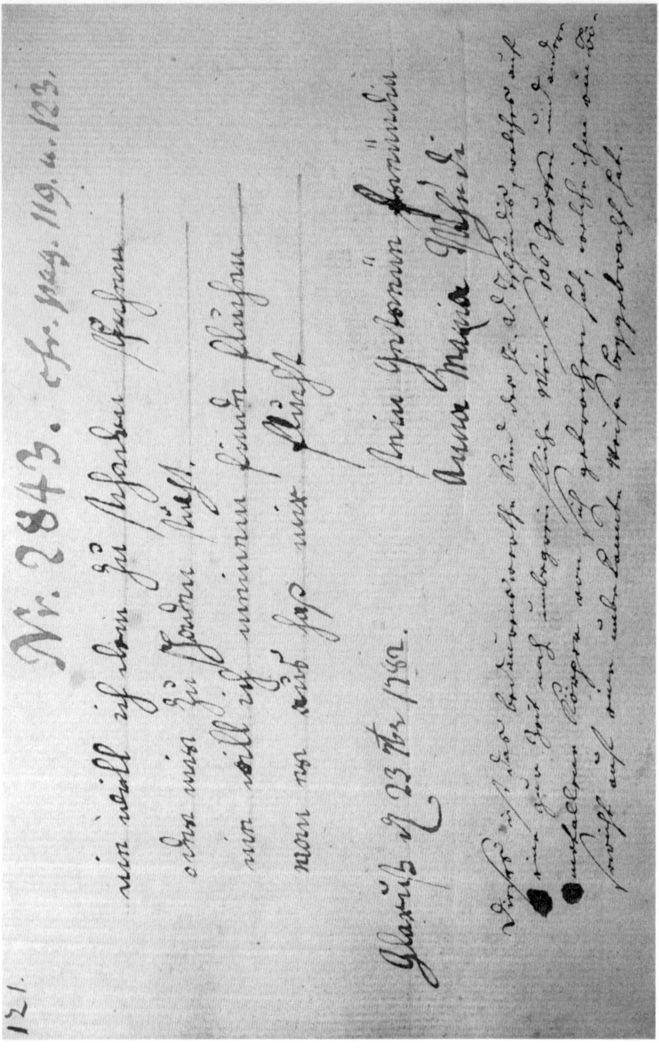

Eintrag von Anna Maria Tschudi (Annamiggeli) vom 23. Sept. 1782 in Heinrich Ludwig Lehmanns Stammbuch: «Nie will ich dem zu schaden suchen, der mir zu schaden sucht, nie will ich meinem Feinde fluchen, wenn er aus Hass mir flucht.»

Lehmann bemerkte dazu: «Dieses ist das bedauernswerte Kind des Hl. Dr. Tschudi, welches auf eine zur Zeit noch unbegreifliche Weise 106 Guffen und andere metallene Körper von sich gebrochen hat, welche ihm ein Bösewicht auf eine unbekannte Weise beigebracht hat.»

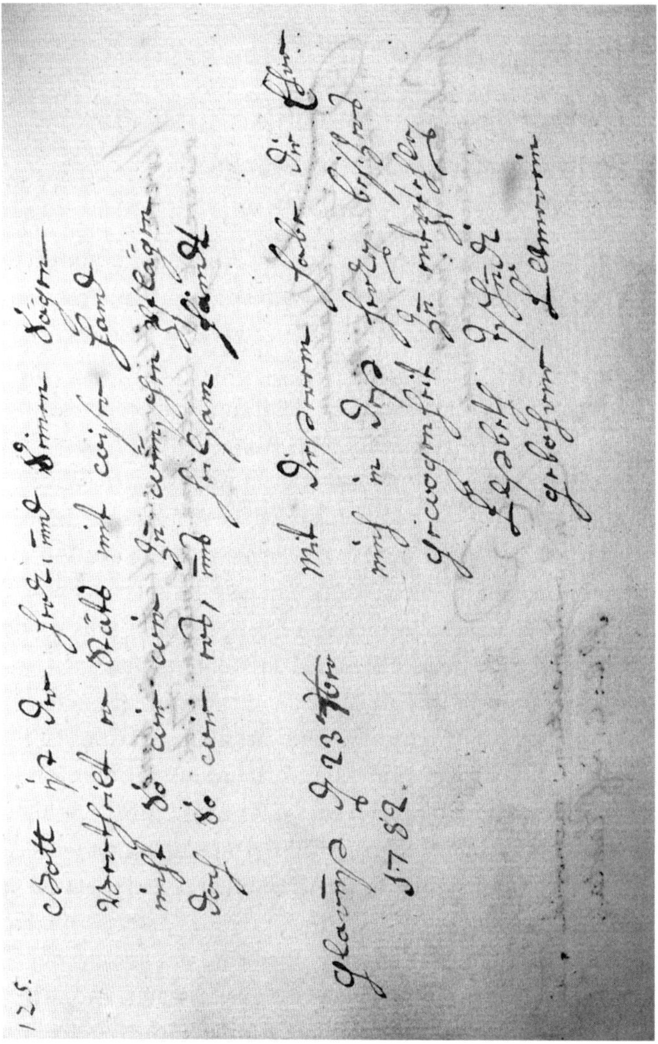

Elsbeth Tschudi-Elmer, Eintrag vom 23. September 1782: «Gott ist der Herr, und seinen Segen verteilt er stets mit weiser Hand. Nicht so wie wir zu wünschen pflegen. Doch so wie er's uns heilsam findet.»

Kapitel 21 — Johann Melchior Kubli: der schweizerische Justizreformer

Der Mann hatte eine behutsame, menschliche Seite, und diese schien mitunter in amtlichen Dokumenten auf: Im Protokoll zu den Verhören (siehe auch Seiten 102–123) vermerkte Johann Melchior Kubli (1750–1835) voller Mitgefühl, Anna Göldi sei «der Folter entlassen, matt und hart zugerichtet». Kubli war Gerichtsschreiber im Anna-Göldi-Prozess und Zeuge der schrecklichen Folterung der Angeklagten. Wie seinem Protokoll zu entnehmen ist, wurde Anna Göldi immer wieder mit der Frage bedrängt, wie sie mithilfe des Teufels die Stecknadeln in den Leib des Kindes gezaubert habe.

Kubli war Landschreiber von Evangelisch-Glarus sowie Ratsherr und damit auch Mitglied des richterlichen Entscheidungsgremiums. Der Fall versetzte ihn in Aufruhr, wie wir heute wissen. Als Gegner des Todesurteils gegen Anna Göldi war er jedoch in der Minderheit. Und er musste ohnmächtig mitansehen, wie Anna Göldi am 13. Juni 1782 zum Richtplatz unterhalb des Galgenhügels geführt und enthauptet wurde.

Die Schreckensbilder haben ihn zeitlebens geprägt und in seinem öffentlichen Wirken tiefe Spuren hinterlassen. Sie machten den jungen Landschreiber zum «Landesverräter» und Feind des aristokratischen Obrigkeitsstaates, und später zu einem der bedeutendsten schweizerischen Justizreformer des 19. Jahrhunderts.

Schon Kublis Vater war Landschreiber, er brachte seinem Sohn Lesen und Schreiben bei. Nach dem frühen Tod des Vaters übernahm Melchior mit 18 Jahren seine Nachfolge. Er studierte nie an einer Universität, sondern eignete sich das Rüstzeug für seine spätere Laufbahn durch praktische Erfahrung an.

Ein Wendepunkt in seinem Leben war die Französische Revolution im Jahr 1789, welche die Welt von Grund auf veränderte und in Europa ein obrigkeitliches Regime nach dem anderen zum Einsturz brachte. Kubli war Demokrat und gehörte zu den führenden Kräften der Eidgenossenschaft, die sich für die Ablösung der aristokratischen Machthaber und die Abschaffung der Untertanenverhältnisse einsetzten.

Sein politischer Aufstieg begann 1798. Als die Franzosen die heutige Schweiz besetzten und die Helvetische Republik ausriefen, wurde «Franzosenfreund» Kubli Senator, also Abgeordneter des neu gegründeten Kantons Linth, zu dem auch das Gebiet des heutigen Kantons Glarus zählte. Noch im gleichen Jahr wurde er Präsident des Senates, des Parlamentes des neuen helvetischen Staates. Mit anderen Worten: Kubli avancierte zum höchsten eidgenössischen Politiker.

Während dieser Epoche zeichnete sich der ehemalige glarnerische Landschreiber schweizweit als einer der wichtigsten Justizreformer aus. Geprägt hatten ihn seine langjährige Erfahrung als Glarner Ratsherr und Richter und ausserdem die Erklärung der Menschenrechte in den Vereinigten Staaten von Amerika 1776 sowie in Frankreich im Revolutionsjahr 1789. Die Parolen Freiheit, Gleichheit und Achtung der Menschenwürde gingen in die Weltgeschichte ein.

Diese Werte wollte Kubli auch in seiner schweizerischen Heimat in die Tat umsetzen.

Als Senator kämpfte er an vorderster Front für eine nach rechtsstaatlichen Prinzipien funktionierende Strafjustiz, insbesondere für die Abschaffung von Folter und Todesstrafe.

Johann Melchior Kubli (1750–1835)

Er legte im Jahr 1800 gemeinsam mit dem Luzerner Abgeordneten Heinrich Krauer (1755–1827) einen gesamtschweizerischen Verfassungsentwurf vor – Volkssouveränität, Gewaltenteilung, Unabhängigkeit der Gerichte wurden darin als unantastbare Werte propagiert. Gemäss dem emeritierten St. Galler Staatsrechtler Rainer J. Schweizer war das ein «Meilenstein der schweizerischen Verfassungsgeschichte» und wegweisend für die erste schweizerische Bundesverfassung von 1848.

Weil nach dem Untergang der Alten Eidgenossenschaft im Jahr 1798 die Machtverhältnisse ständig änderten, konnten sich Kublis Gesetzesvorschläge vorerst nicht durchsetzen. Seine Karriere erlitt einen herben Rückschlag, als die Helvetische Republik 1803 aufgelöst wurde und die Aristokraten die Macht vorübergehend zurückerlangten. In seiner Heimat geriet der «Umstürzler» ins politische Abseits, und er fiel bei seinen Landsleuten in Ungnade.

Das führte im Jahr 1808 offenbar zu seinem Entschluss, dem Land Glarus den Rücken zuzukehren und nach Quinten zu ziehen, in die idyllische Ortschaft auf der sanktgallischen Seite des Walensees. Dort erwarb er ein über dem Ufer gelegenes Herrschaftshaus, noch heute Kubli-Haus genannt, und widmete sich seinen Hobbys: Landwirtschaft und Weinbau.

Wenige Jahre später kehrte Kubli überraschend auf die politische Bühne zurück. In der Zwischenzeit Ehrenbürger von Quinten geworden, wurde er als Vertreter der liberalen Partei 1813 ins Parlament und 1815 in die Regierung des neu gegründeten Kantons St. Gallen gewählt, wo er als Justiz- und Polizeidirektor amtete und massgeblich am Aufbau des jungen Kantons beteiligt war. Die ideale Plattform für Kubli, um dem Wandel zum demokratischen Rechtsstaat neuen Schwung zu verleihen. Doch wieder geriet er in den Strudel heftiger Parteiauseinandersetzungen und wurde im Alter von achtzig Jahren abgewählt. Es war das unwürdige Ende des St. Galler Regierungsrates, Justizreformers und schweizerischen Verfassungspioniers Melchior Kubli.

Begonnen hat die Achterbahnkarriere von Johann Melchior Kubli mehr als fünfzig Jahre zuvor in Glarus, wo er geheime Akten des letzten Hexenprozesses dem deutschen Journalisten Heinrich Ludwig Lehmann aushändigte und damit Anstoss dazu gab, eine der grössten Justizaffären des 18. Jahrhunderts aufzudecken. Freilich wäre es ungerecht, würde man Kubli seine damalige Rolle als «Landesverräter», Whistleblower und Skandalauslöser zum Vorwurf machen.

Kubli wollte seine glarnerische Heimat bestimmt nicht verraten und wegen des Hexenprozesses blossstellen. Aber der Anna-Göldi-Prozess löste bei ihm, der ein vorzüglicher Kenner des glarnerischen Rechts war und ein feines Gespür für Gerechtigkeit hatte, Betroffenheit und Empörung aus. Darum wollte er verhindern, dass der Hexenprozess als Vergiftungsfall in der Aktenablage des evangelischen Gerichts für immer verschwindet.

Kubli hätte schweigen und zur Tagesordnung übergehen können. Doch das hätte seinem Naturell als Reformer und zivilcouragierter Verfechter des Rechtsstaates widersprochen. Er wollte die Öffentlichkeit aufrütteln, schreiendes Unrecht anprangern und vor allem: überfällige Justizreformen in Gang setzen.

Für seinen Lebensabend zog er sich wieder nach Quinten zurück, wo er 1835 starb. Seine letzte Ruhestätte fand er auf dem evangelischen Friedhof der Ortschaft Mühlehorn, auf der gegenüberliegenden Seite des Walensees. Offensichtlich hatte er sich mit seiner Heimat versöhnt. Es war sein Wunsch, auf glarnerischem Boden bestattet zu werden.

Die im Kubli-Haus in Quinten aufgewachsene Nicole Lieberherr veröffentlichte 2010 eine einfühlsame Biografie über *Johann Melchior Kubli, Fürsprecher im Hexenhandel um Anna Göldi.* Für Lieberherr ist Kubli ein Patriot und Held, der lange verkannt wurde. «Er war seiner Zeit weit voraus und legte Grundsteine für die moderne Schweizer Demokratie.»

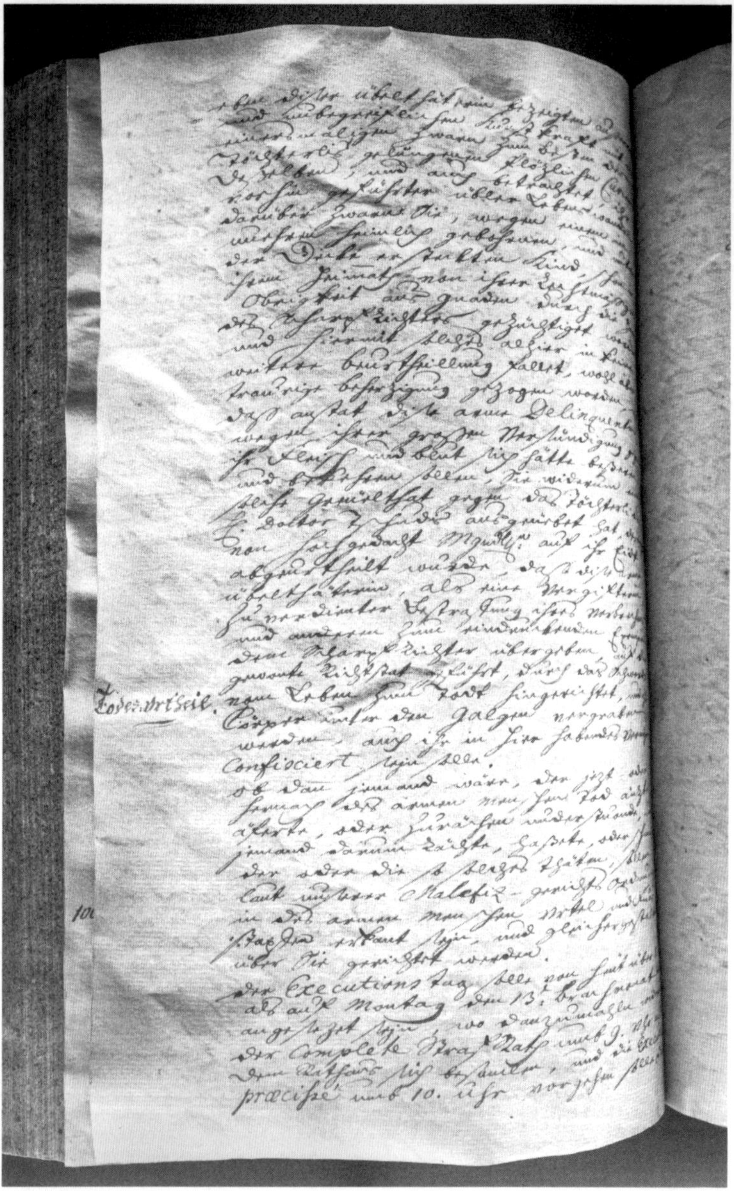

Akte zum Prozess von 1782, erstellt durch den evangelischen Rat des Landes Glarus. Sie hält das Todesurteil gegen Anna Göldi fest.

Kapitel 22 — Das wundersame Verschwinden und Auftauchen der Prozessakten

Es ist, als hätte man den Glarner Hexenprozess aus der kollektiven Geschichtsschreibung tilgen und alle amtlichen Beweise dazu für immer ausradieren wollen: Sämtliche Untersuchungsakten zum Fall Göldi, inklusive Verhör- und Folterprotokolle, verschwanden kurz nach dem Prozess und sind bis heute nicht mehr aufgetaucht. Im Landesarchiv des Kantons Glarus sind zwar noch die sogenannten Copia vorhanden, also Abschriften der Prozessakten, doch diese – ein Dossier von circa siebenhundert Seiten – umfassen nur einen Teil des ursprünglichen Aktenbestandes. Besonders auffallend: Am Schluss des Gerichtsverfahrens hatte Doktor Tschudi Einblick in sämtliche Verhörprotokolle verlangt, die sich auf den Vorwurf der sexuellen Verfehlungen bezogen. Genau diese Dossiers fehlen und sind auch als Kopien nie mehr zum Vorschein gekommen.

Da die Strafuntersuchung geheim war, fiel das Fehlen der Untersuchungsprotokolle zunächst gar nicht auf. Sie konnten relativ einfach und von der Öffentlichkeit unbemerkt zum Verschwinden gebracht werden.

Dieses Verschwinden und zum Teil Wiederauftauchen von Gerichtsdokumenten passt zur Verworrenheit des Göldi-Falles. Die Copia blieben zunächst unbekannt und tauchten erst 1818 auf, 36 Jahre nach der Hinrichtung von Anna Göldi. Sie befanden sich im Besitz der Familie von Ratsherr und Seckelmeister Jost Heiz (1737–1800), der im Göldi-Prozess Untersuchungsrichter gewesen war. Dessen Verwandte übergaben die Akten Landammann Niklaus Heer (1775–1822), der sie an das evangelische Archiv weiterleitete.

Die Kopien waren teilweise von Jost Heiz selbst verfasst, zum grösseren Teil jedoch von den beiden früheren Landschreibern Albrecht Schlittler (1752–1821) und Johann Melchior Kubli. Auch wenn es sich dabei nicht um Originale handelt, bleiben sie die wichtigste Quelle des Göldi-Prozesses.

Dennoch bleibt das Auftauchen der Copia im Jahr 1818 rätselhaft. Nicht ausgeschlossen ist, dass Johann Melchior Kubli seine Finger im Spiel hatte. Er war mit Landammann Niklaus Heer befreundet und amtete 1818 als Justiz- und Polizeidirektor des Kantons St. Gallen. Der für Transparenz einstehende Reformpolitiker Kubli – von seinen konservativen Gegnern nach wie vor hart bedrängt – hegte ein bleibendes Interesse daran, die Akten des Hexenprozesses zu veröffentlichen und damit die Missstände der glarnerischen Justiz offenzulegen.

Nebst den Verhörakten gibt es weitere Dokumente, die wichtige Informationen zum Göldi-Prozess enthalten: die Protokolle der Landsgemeinden sowie des katholischen und des evangelischen Rates, des richterlichen Gremiums, welches das Todesurteil fällte. Diese Akten sind im Original vorhanden und werden im Landesarchiv aufbewahrt. Hinzu kommt das neuste Fundstück, das Reisetagebuch des Journalisten Heinrich Ludwig Lehmann, das heute der Anna Göldi-Stiftung gehört, und eine der ganz wenigen Originalquellen zum Göldi-Prozess darstellt.

Kapitel 23 — Zur Rezeptionsgeschichte des Falles Göldi

Bis weit ins 19. Jahrhundert hinein berichteten über den Fall Anna Göldi vorwiegend deutsche Publizisten in deutschen Presseerzeugnissen. In der Schweiz und im Glarnerland blieb der Fall lange Zeit ohne Resonanz. Der Glarner Landammann und spätere Bundesrat Joachim Heer (1825–1879) brach das Tabu und verfasste das Pionierwerk mit dem Titel «Der Kriminalprozess der Anna Göldi von Sennwald», erschienen im ersten Jahrbuch des Historischen Vereins des Kantons Glarus im Jahr 1865. Dank Heers politischem Gewicht erhielt seine kritische Publikation eine Relevanz, die weit über das Glarnerland hinausreichte.

Pikant: Man habe ihm empfohlen, so erwähnte Heer, dieses unrühmliche Kapitel der glarnerischen Geschichte besser ruhen zu lassen. Er verfasste trotzdem eine quellenbezogene juristische Analyse des Falles und vermied dabei das Schüren von Emotionen. Er habe sich, so notierte er, jeglicher Wertung enthalten und allein «die Akten reden lassen».

Jurist Heer stützte sich auf die Copia, die Untersuchungsakten, die vor allem sein liberaler Parteikollege Johann Melchior Kubli verfasst und sein Grossonkel Niklaus Heer im Jahr 1818 dem evangelischen Rat übergeben hatte. Niklaus Heer ist es zu verdanken, dass diese Akten bis heute erhalten geblieben sind und eingesehen werden können. Möglicherweise hat auch das Engagement seines Grossonkels den späteren Bundesrat Joachim Heer dazu ermuntert, sich dem Fall anzunehmen und Teile der Akten der Öffentlichkeit zugänglich zu machen.

Im Verlauf des 19. Jahrhunderts verlor das Thema Anna Göldi an Bedeutung und geriet unter dem Einfluss der nationalen Mythenbildung und Heldenverehrung immer mehr in Vergessenheit. Während achtzig Jahren gab es keine nennenswerten Publikationen zum Fall Göldi, erst nach dem Zweiten Weltkrieg erwachte das Interesse daran erneut.

Es ist das Verdienst des Glarner Volksschriftstellers Kaspar Freuler (1887–1969), das Thema Anna Göldi neu aufgerollt und in der ganzen Schweiz populär gemacht zu haben. Sein aus dem Jahr 1945 stammender Tatsachenroman *Anna Göldi, die Geschichte der letzten Hexe* zeichnet sich durch fesselnden Erzählstil und bildhafte Sprache aus. Der hauptberuflich als Lehrer tätige Freuler schrieb auch viel beachtete Theaterstücke und Radiohörspiele. Auf der Grundlage seines Romans strahlte das Schweizer Radio DRS 1 1976 eine fünfteilige Folge über den Göldi-Prozess aus.

Das in der breiteren Öffentlichkeit bekannteste Buch über den Hexenprozess ist bis anhin allerdings der Roman *Anna Göldin. Letzte Hexe* von Eveline Hasler. Er erschien 1982 und wurde zu einem Bestseller, währenddem hierzulande über die Gleichstellung der Geschlechter heftig diskutiert wurde. Als eines der letzten Länder Europas führte die Schweiz 1971 das Frauenstimm- und -wahlrecht ein, und die Gleichstellung von Frau und Mann wurde 1981 in der Bundesverfassung festgeschrieben. Die im Glarnerland aufgewachsene und heute im Tessin lebende Schriftstellerin traf mit ihrem Roman den Puls der Zeit und verlieh dem Thema zwei Jahrhunderte nach der Hinrichtung von Anna Göldi neue Brisanz.

Knapp zehn Jahre später folgte der Film *Anna Göldin – letzte Hexe* von Gertrud Pinkus. Inspiriert von Haslers Roman schuf Pinkus ein stimmungsvolles filmisches Porträt von Anna Göldi. Der Film, gedreht an den Originalschauplätzen im Kanton Glarus unter Mitwirkung von einheimischen Laienschauspielern, wurde im November 1991 in Zürich erstmals aufgeführt und löste ein grosses Echo aus.

2010 veröffentlichte der Glarner Schriftsteller Perikles Monioudis das Stück *Annas Carnifex*, das im gleichen Jahr in Mollis als Freilichtfestspiel zur Aufführung kam.

In neuerer Zeit sind zwei Publikationen hervorzuheben und zum vertieften Studium des Göldi-Prozesses zu empfehlen. Das 2019 unter dem Titel *Annäherungen an Anna Göldi* erschienene Jahrbuch 99 des Historischen Vereins des Kantons Glarus enthält mehrere Beiträge, die den Blick auf bisher weniger beachtete Aspekte des Göldi-Falles lenken und interessante Informationen zur Denkkultur des Aufklärungszeitalters vermitteln. Keineswegs überzeugend wirkt dort jedoch die Herabstufung der ersten Prozesskritiker Wilhelm Ludwig Wekhrlin und Heinrich Ludwig Lehmann zu oberflächlichen Skandaljournalisten. Auch ist der Vorwurf an Joachim Heer unhaltbar, im ersten Jahrbuch des Historischen Vereins von 1865 die Frage der gerichtlichen Zuständigkeit falsch beurteilt zu haben. Klar festzuhalten wäre dagegen: Dem Urgrossvater von Bundesrat Heer, Landammann Cosmus Heer (1727–1791), ist hoch anzurechnen, dass er sich bis zuletzt dafür einsetzte, das Todesurteil gegen Anna Göldi abzuwenden.

Das bedeutendste Werk der vergangenen Jahre ist das Standardwerk *Späte Hexenprozesse – Der Umgang der Aufklärung mit dem Irrationalen,* herausgegeben 2016 in Bielefeld von Wolfgang Behringer, Sönke Lorenz und Dieter R. Bauer. Das Buch vermittelt einen umfassenden Überblick über die

Hexenverfolgung am Ende der Neuzeit und rückt den Anna-Göldi-Prozess in den Zusammenhang mit dem bayerischen Hexenkrieg und dem Gassner-Streit. Demnach waren der Göldi-Prozess und seine Enthüllung der dramatische Schlusspunkt der grossen Hexendebatten, die am Ende des 18. Jahrhunderts neu aufgeflammt waren.

Teil 3 — Die Überwindung der Hexenprozesse und ihre epochalen Folgen

Kapitel 24 — Entdämonisierung der Strafjustiz und Niedergang der Hexenprozesse

«Wo ist die Hexe?» Diese Frage warf die Publikation *NZZ Geschichte* in einem Artikel vom Oktober 2018 auf: Der Begriff «Hexe» tauche nicht in den Akten auf, hiess es, Anna Göldi sei lediglich als «Vergifterin» verurteilt worden – nicht als Hexe.

Kein Hexenprozess also? Die Basler Geschichtsprofessorin Caroline Arni entgegnete im März 2019 ebenfalls im Magazin *NZZ Geschichte:* «Man verfuhr mit ihr, als sei sie eine Hexe.» Es komme bei der Charakterisierung des Prozesses gegen Anna Göldi nicht auf das Vokabular, sondern auf seinen Geist und Inhalt an.

Der bekannte deutsche Historiker Wolfgang Behringer doppelte im Februar 2020 an einer Fachtagung in Stuttgart-Hohenheim nach: Er kenne die Prozessakten im Fall Göldi. «Es ist ein typischer Hexenprozess des 18. Jahrhunderts.»

Wie damals üblich, bedienten sich die Richter im Todesurteil eines real existierenden Straftatbestandes – hier der Vergiftung –, um den wahren Hintergrund der Strafuntersuchung zu verschleiern. Diese wies jedoch die unverwechselbaren Ingredienzien eines Hexenprozesses auf: Schadenszauber und Teufelspakt. Aus dem Folterprotokoll geht hervor, dass Anna Göldi förmlich zermürbt und gequält wurde mit der Frage, in welcher Beziehung sie mit «Teufel», «Satan» und «bösem Geist» stehe.

Der Fall Göldi war allerdings nicht irgendein Hexenprozess, sondern der letzte aktenkundige in Mitteleuropa. Damit markierte er den Wendepunkt in der Geschichte der Hexenverfolgung der Neuzeit. Zwar war der Glaube an Hexen und Dämonen keineswegs erloschen; er lebte in zahlreichen Gegenden munter weiter. Doch das gewaltige Echo in deutschen Zeitungen auf den Fall Göldi hatte enorme Wirkung. Die Strafbehörden in Mitteleuropa fürchteten sich vor öffentlicher Blamage und wagten es nicht mehr, eine Person wegen Hexerei zu verurteilen oder hinzurichten.

Schon Jahre zuvor waren die Behörden gewarnt und mussten mit Widerstand rechnen. Die Hinrichtung von Maria Renata Singer 1749 in Würzburg («letzte Hexe in Franken») hatte bereits heftige Reaktionen ausgelöst und sogar Proteste der österreichischen Kaiserin Maria Theresia hervorgerufen. Danach folgten die grossen Glaubensdebatten während des bayerischen Hexenkrieges und des Gassner-Konfliktes. Es ist leicht vorstellbar, dass die Ankläger 1775 in Kempten und 1779 in Tinizong vor dem letzten entscheidenden Akt, der Exekution, zurückschreckten, um ja keine neuen Debatten und Streitereien heraufzubeschwören.

1775 wurde im Fall von Anna Maria Schwägelin in Kempten die Vollstreckung des bereits vom Fürstabt unterzeichneten Todesurteils ausgesetzt. Vermutet wird als Grund dafür Widerstand im persönlichen Umfeld des geistlichen Würdenträgers. Vier Jahre später zögerte sich der Hexenprozess gegen Maria Ursula Padrutt in Tinizong immer wieder hinaus, wurde dann nach endlosen Verhören und Folterungen abgebrochen und schliesslich formell mit einem Freispruch abgeschlossen.

Sowohl in Kempten als auch in Tinizong waren die Hexenprozesse auch unter der katholischen Geistlichkeit umstritten. Der Bischof von Chur war ein Gegner des Todesurteils.

Die «Gnadenakte» halfen den Opfern Anna Maria Schwägelin und Maria Ursula Padrutt aber nicht mehr viel. Beide waren vom Verfahren so gezeichnet, dass sie wenige Jahre später starben.

Doch nicht nur öffentlicher Druck besiegelte das Ende der neuzeitlichen Hexenprozesse, sie waren ganz einfach mit der Strafrechtswirklichkeit des späten 18. Jahrhunderts nicht mehr vereinbar. Richter wussten damals, wie sie Mord-, Diebstahls- und Betrugsprozesse zu führen hatten. Der Umgang mit Magie und Zauberei war ihnen hingegen fremd geworden. Wie sollten diese Richter Krankheiten begutachten, die angeblich durch übernatürliche Kräfte verursacht worden waren? Wie sollten sie Bündnisse mit dem Teufel abklären? Und wie sollten sie darüber ein gerichtliches Urteil fällen?

Es überrascht also nicht, dass der Hexenprozess gegen Anna Göldi im Jahr 1782 zu einem strafprozessualen Spiessrutenlauf geriet. Es gab Streit um die gerichtliche Zuständigkeit und um die Besetzung der Richterämter, ein Gerangel um den Gerichtsvorsitz, Diskussionen um bizarre Untersuchungsmethoden wie nächtliche Heilungszeremonien, und schliesslich erwies sich auch die Suche nach qualifizierten Scharfrichtern als schwierig. Dazu kamen weitere Probleme wie die brodelnde Gerüchteküche, die anhaltenden Proteste und die exorbitant hohen Verfahrenskosten, die nur durch die Konfiskation des Steinmüllerschen Vermögens gedeckt werden konnten.

Die drei Hexenprozesse in Kempten, Tinizong und Glarus waren nicht durch Zufall die letzten in Europa. Hexenjägerei galt schon in der ersten Hälfte des 18. Jahrhunderts als Anachronismus. Nach dem dramatischen Ende des Göldi-Prozesses im Jahr 1782 blieb nur eine nüchterne Erkenntnis: Untersuchungsrichter, Richter und Scharfrichter sind überfordert. Hexenprozesse lassen sich weder praktizieren noch finanzieren. Sie sind zu ineffizient, zu teuer und gehören der Vergangenheit an.

Der Anna-Göldi-Prozess ist deshalb weit mehr als nur ein Einzelbeispiel eines Hexenprozesses. Durch die europaweite Entrüstung, die er auslöste, markierte er das Ende der dreihundertjährigen Hexenverfolgung und den Aufbruch in eine neue Epoche: Die moderne Strafjustiz, gründend auf rechtsstaatlichen Prinzipien wie Unschuldsvermutung, keine Strafe ohne Gesetz, Anspruch auf rechtliches Gehör etc., trat ihren Siegeszug an und verdrängte das Inquisitionsverfahren mit seinen Attributen Folter, Geständniszwang und Geheimjustiz. Die schon viel früher heftig kritisierte Folter galt nicht länger als geeignetes Beweismittel, um die Wahrheit einer Anschuldigung zu ermitteln. Deliktskategorien wie Magie, Zauberei und Teufelspakt, die der Willkür Tür und Tor öffneten, wurden aus der weltlichen Strafgerichtsbarkeit verbannt.

Das war der Schlüssel für die Beendigung des Hexenwahns in Europa, wie Historikerin und Geschlechterforscherin Claudia Opitz-Belakhal in ihrem 2017 veröffentlichten Buch *Böse Weiber* ausführt. Eigentlich paradox: Laut Opitz wurde die Frau am Ende des 18. Jahrhunderts gesellschaftlich nicht etwa aufgewertet, es gab damals keine Frauenrechte, der Gedanke an Gleichstellung der Geschlechter lag in weiter Ferne. Trotzdem änderte sich etwas Grundlegendes: Die Einsicht setzte sich durch, dass Teufel und Hexen keine reale Gefahr für die Allgemeinheit darstellen und demzufolge Magie und Zauberei keine strafwürdigen Handlungen sind.

Otto Sigg, einer der bedeutendsten Schweizer Historiker auf dem Gebiet der Hexenverfolgung und Verfasser des Buches

Hexenprozesse mit Todesurteil von 2012, kommt zum gleichen Schluss. Sigg sieht die Überwindung des Hexen- und Teufelswahns als historischen Wendepunkt in Europa und als Meilenstein in der Geschichte des weiblichen Geschlechts. Tatsache ist: Frauen waren Jahrhunderte lang Ziel des von Katholiken und Protestanten geschürten Hasses, wurden dämonisiert und kriminalisiert. Nun konnten sie sich von ihrem Stigma als «Maleficae», als Übeltäterinnen und «Werkzeuge des Teufels» befreien.

Kapitel 25 — Das unrühmliche Ende von Doktor Tschudi

Als die französischen Truppen 1798 in die Schweiz einmarschierten, brach das Herrschaftssystem der Alten Eidgenossenschaft zusammen. Die Oberschicht musste abtreten, die Untertanengebiete erklärten ihre Unabhängigkeit. Anstelle der Alten Eidgenossenschaft mit ihren 13 souveränen Orten errichtete Napoleon ein zentralistisches, von Frankreich gesteuertes Staatsgebilde, die Helvetische Republik. Im Zuge dieser Entwicklung verlor das Land Glarus seine Souveränität und wurde als Teil des neu geschaffenen Kantons Linth vorübergehend zu einem Verwaltungsdistrikt herabgestuft.

Die Staatsumwälzung stürzte das Land ins Chaos. Die Zentralschweiz und Glarus wurden 1799 zum Schauplatz eines Krieges, den sich die napoleonischen Truppen und die monarchietreuen Armeen Russlands und Österreichs um die strategisch wichtigen Alpenpässe lieferten. Während Monaten zogen fremde Soldaten durch das Land und mussten von der einheimischen Bevölkerung untergebracht und versorgt werden. Das Land versank in Armut und Elend, die Hungersnot nahm dramatische Ausmasse an.

Diese turbulenten Ereignisse sind im Land Glarus mit dem Schicksal zweier Personen verknüpft, die im Göldi-Prozess zu den Hauptfiguren gehörten: Doktor Johann Jakob Tschudi, Vater des angeblich verzauberten Kindes Annamiggeli, und Johann Melchior Kubli, der seinerzeitige Protokollführer – und wie sich unlängst herausstellte – Whistleblower des Hexenprozesses.

Der frühere Landschreiber Johann Melchior Kubli gehörte zu den führenden Köpfen der republikanischen Bewegung und wurde 1798 Senator des neu geschaffenen Kantons Linth. Doch Kubli war als Franzosenfreund umstritten und zog sich die Feindschaft der Aristokraten zu, die gegen die Franzosen Widerstand leisteten – darunter Ratsherr und Richter Doktor Johann Jakob Tschudi.

Tschudi versuchte zusammen mit ein paar Dutzend Konservativen gegen die verhassten Franzosen sogar einen Putsch. Als sich im März 1799 ein Teil der französischen Truppen vorläufig aus dem Glarnerland zurückzog, drangen Tschudi und seine Mitstreiter ins Zeughaus ein und raubten Kanonen, Pulver und Blei. Die Aufständischen glaubten, die alte Ordnung wieder herstellen und die Franzosen aus dem Land vertreiben zu können.

Am 4. April 1799, am Tag der Feier in Erinnerung an die Schlacht von Näfels im Jahr 1388, rückten französische Truppen erneut in Glarus ein, setzten den Gemeinderat ab und nahmen mehrere Aufständische fest, darunter Doktor Tschudi, und liessen sie nach Basel ins Gefängnis abführen. Der Putsch von Doktor Tschudi und seinen Mitstreitern war gescheitert.

Fünf Monate lang, bis September 1799, sassen die Aufständischen im Gefängnis, ohne auch nur ein einziges Mal einvernommen zu werden. Das war für sie eine Demütigung ohnegleichen. Während Jahrhunderten hatten ein paar wenige Herrschaftsgeschlechter das Land regiert und die wichtigsten Ämter unter sich aufgeteilt. Tschudi selbst war ein wohlhabender und einflussreicher Mann. Nun musste er zusehen, wie die Alte Eidgenossenschaft unterging und die herrschende Klasse aus ihren Ämtern entfernt wurde.

Als Doktor Tschudi das Gefängnis in Basel verlassen konnte, war er gesundheitlich angeschlagen. Um sich zu erholen, machte der Arzt eine Kur in Baden, wo er am 8. Juli 1800 im Alter von 53 Jahren an einem Hirnschlag («Schlagfluss») starb.

Ironie und Tragik des Schicksals: Fast gleichzeitig stieg Tschudis Widersacher, der Demokrat Melchior Kubli, zu einem der einflussreichsten Politiker des Landes auf und legte im Jahr 1800 einen frühen gesamtschweizerischen Verfassungsentwurf vor (siehe auch Seite 167).

Kapitel 26 — Das Schicksal der Familie Tschudi

Die Tschudis hatten den Hexenprozess in Gang gesetzt, um die Ehre ihres «adelichen Geschlechts» zu retten. Doch die Hinrichtung der Magd brachte ihnen kein Glück. Wäre man abergläubisch, könnte man den «Fluch der bösen Tat» hinter den Schicksalsschlägen vermuten, welche die Familie in den Jahren nach dem Prozess heimsuchten. Fast alle am Prozess beteiligten Mitglieder der Familie starben kurz danach, und auch ihre Nachkommen blieben vom Unglück nicht verschont.

Doktor Johann Jakob Tschudis Ehefrau Elsbeth brachte wenige Wochen nach der Hinrichtung von Anna Göldi, am 1. August 1782, einen Knaben zur Welt, der fünf Tage später starb. Im Jahr 1786 gebar sie ein Mädchen, das ebenfalls nur fünf Tage alt wurde. Drei Jahre später starb Elsbeth Tschudi-Elmer 1789 im Alter von erst 37 Jahren. Ihr Ehemann wurde immerhin 53 Jahre alt, bevor er infolge eines Hirnschlags aus dem Leben schied.

Landammann Johann Heinrich Tschudi, an den sich Anna Göldi in ihrer Not zunächst gewandt hatte, starb ein Jahr nach dem Prozess. Auch die Familie von Camerarius Tschudi war von schweren Schicksalsschlägen betroffen. Seinen beiden Söhnen war nur ein kurzes Leben beschieden. Moritz Tschudi, Student der Theologie, starb am 2. Juni 1782, wenige Tage vor der Hinrichtung von Anna Göldi. Er wurde nur 26 Jahre alt. Die Genealogie schweigt sich über die Todesursache aus. Der zweite Sohn, Johann Tschudi, erlag 1784 im

Alter von dreissig Jahren einer schweren Krankheit. Knapp einen Monat nach dem Tod seines zweiten Sohnes und nur zwei Jahre nach Anna Göldis Enthauptung, am 8. August 1784, starb der Camerarius im Alter von 62 Jahren. Die heftigen Diskussionen im Gefolge des Göldi-Prozesses und die Schicksalsschläge in der eigenen Familie hatten dem Pfarrherrn zweifellos zugesetzt.

Nach dem frühen Tod von Mutter Elsbeth im Jahr 1789 ging der Zusammenhalt der Familie von Doktor Tschudi verloren. Tochter Susanna starb 1801, also lediglich ein Jahr nach ihrem Vater, im Alter von dreissig Jahren. Sie war die Ehefrau des Fabrikanten Fridolin Trümpy aus Ennenda. Ihre ersten drei Kinder waren jeweils kurz nach der Geburt gestorben. Das vierte Kind, der 1798 geborene Johann Jakob Trümpy, wanderte nach Odessa an die Schwarzmeerküste aus und kam dort im Alter von 25 Jahren ums Leben.

Anna Maria Tschudi, das von Anna Göldi angeblich verhexte Kind Annamiggeli, heiratete 1794 im Alter von 21 Jahren den Handelsmann Markus Oertli aus Ennenda. Das Ehepaar wanderte in die Stadt Berdichev in der Ukraine aus. Es hatte fünf Knaben und vier Mädchen, sechs der Kinder starben früh. Anna Maria Oertli-Tschudi verschied im Jahr 1810. Sie wurde ebenso wie ihre Mutter Elsbeth Tschudi nur 37 Jahre alt.

Ein trauriges Schicksal erfuhren auch die männlichen Nachkommen des Sohnes von Doktor Tschudi. Metzgermeister Heinrich Tschudi lebte von 1776 bis 1841. Seine Söhne suchten ihr Glück in der Fremde, doch sie scheiterten. Der ältere Sohn Jakob, 1800 geboren, zog 1821 nach Odessa und 1833 nach Amerika, wo sich seine Spuren verlieren. Der zweite Sohn, Johann Balthasar, geboren 1810, trieb sich als «Trinker» in den Strassen von New York herum und wurde nur gerade 41-jährig.

Nachkommen der Tschudi-Familie gibt es heute noch. Sie stammen entweder von Susanna Trümpy-Tschudi ab, der älteren Tochter von Doktor Tschudi, oder von Johann Tschudi, einem Sohn von Camerarius Tschudi. Johann Tschudi starb zwar früh, er hinterliess jedoch einen Sohn, der in St. Gallen aufwuchs. Dessen Nachkommen erlangten im 19. Jahrhundert grosse Bedeutung als Forschungsreisende und Diplomaten. Illustre Abkömmlinge dieses Familienzweiges leben heute in Wien.

Kapitel 27 — Wo sind die Gebeine von Anna Göldi?

Ein Knochenfund auf dem heutigen Sonnen- und einstigen Galgenhügel in Glarus sorgte Ende 1926 für Aufsehen. Angestellte der Firma Toneatti waren mit dem Bau einer autotauglichen Strasse beschäftigt und trafen Vorbereitungen für den Bau eines Hauses, als sie eine makabre Entdeckung machten: Zum Vorschein kamen mehrere menschliche Schädel, «die zweifelsohne von Hingerichteten stammen», wie die *Glarner Nachrichten* vom 10. November 1926 berichteten. An exponierter Lage auf der nördlichen Seite der Stadt stand in früheren Zeiten ein Galgen. Dort wurden auch später noch die Leichen der Hingerichteten begraben – so auch jene von Anna Göldi und Rudolf Steinmüller. Es ist also möglich, dass die Bauarbeiter unter anderem auf ihre sterblichen Überreste stiessen.

Der Knochenfund löste eine kurze und heftige Zeitungskontroverse aus. Die regierungsnahe *Neue Glarner Zeitung* dementierte bereits anderntags die Darstellung des «findigen Reporters» vom Konkurrenzblatt und sprach von einer «Schauermär». Es handle sich nicht um menschliche Skelette, sondern – so die Zeitungsausgabe vom 11. November wörtlich – um «Oberschenkelknochen von Katzen». Demzufolge wären die Entdecker der Knochen und der Journalist nicht in der Lage gewesen, zwischen menschlichen Schädeln und Katzenknöchelchen zu unterscheiden.

Ein weiterer Knochenfund wurde im März 2021 gemeldet. Ein Bewohner am Südhang des Sonnenhügels stiess bei

Grabungsarbeiten in seinem Garten auf Knochenteile, die sich als Fragment eines Kniegelenkes herausstellten. Noch ist nicht endgültig geklärt, ob die Knochenteile menschlicher oder tierischer Herkunft sind.

Es ist gut möglich, dass die Gebeine der Hingerichteten wie jene von Anna Göldi noch heute im Erdreich des Sonnen- und einstigen Galgenhügels verborgen sind.

Kapitel 28 — Justizmord und Frauenmord

Der Begriff «Justizmord» – in Bezug auf den Fall Anna Göldi 1783 erstmals vom deutschen Historiker und Staatsrechtler August Ludwig Schlözer (1735–1809) verwendet – war ursprünglich eine Wortschöpfung des berühmten französischen Philosophen und Justizkritikers Voltaire (1694–1778). Dieser zielte damit auf einen Justizfall, der ein paar Jahre zuvor als «Jahrhundertskandal» in die Geschichte eingegangen war: die Affäre Calas.

Jean Calas, ein protestantischer Kaufmann, war 1762 in Toulouse von einem katholischen Gericht zum Tode verurteilt worden, weil er angeblich seinen Sohn umgebracht hatte. Dieser war mit einem Strick um den Hals tot gefunden worden. Aus Sicht der Familie war es Selbstmord durch Erhängen.

Doch die katholischen Richter klagten Vater Calas wegen Mordes an. Als Motiv für die Tat nannten sie die Absicht des Sohnes, zum katholischen Glauben zu wechseln. Laut der Anklage wollte der Vater das verhindern und erdrosselte seinen Sohn. Obwohl Calas jegliche Schuld bestritt, wurde er hingerichtet.

Voltaire – überzeugt von einem Fehlurteil – erreichte mit seiner berühmten Schrift *Traité sur la tolérance,* dass das Urteil revidiert und Calas 1764 posthum rehabilitiert wurde. Voltaire bezichtigte die katholischen Richter des religiösen Fanatismus und nannte sie provokativ «assassins juridiques», also «juristische Mörder». Richter sollten eigentlich Menschen vor Unrecht schützen, schrieb Voltaire, sie hätten jedoch im Gegenteil unschuldige Menschen in den Tod geschickt.

Diesen Gedanken entwickelte Schlözer weiter und wandte ihn unter dem verwandten Begriff «Justizmord» auf den Fall Göldi an. Ihm folgte der Glarner Rechtshistoriker Joachim Heer (1825–1879) im ersten Jahrbuch von 1865 des Historischen Vereins des Kantons Glarus. Gestützt darauf wurde Anna Göldi 2008 durch behördlichen Akt rehabilitiert. Übereinstimmend kamen der glarnerische Landrat und der Regierungsrat zum Schluss, dass die Magd aus Sennwald unschuldig verurteilt und Opfer eines Justizmordes geworden ist.

Das deckt sich mit der heute vorherrschenden Meinung. Über den Fall Göldi hat demnach ein nicht zuständiges Gericht in einem rechtswidrigen Verfahren entschieden. Der Angeklagten wurden Handlungen «mit übernatürlicher Kraft» vorgeworfen. Doch dafür fehlte im Land Glarus (siehe auch Seite 87) jegliche Rechtsgrundlage.

Selbst wenn man den Fall unter dem Blickwinkel des realen Tatbestandes der Vergiftung betrachtet, kommt man zum gleichen Ergebnis: Der Prozess war nicht rechtens und Anna Göldi wurde unschuldig hingerichtet. Eine natürlich erklärbare Vergiftung, eine hinterhältige und verwerfliche Art der Tötung, war gar nie Untersuchungsgegenstand. Sie kam erst im Urteilsverfahren ins Spiel, nachdem das Kind Annamiggeli geheilt und kerngesund wurde.

Bittere Realität: Anna Göldi wurde für eine Tat zum Tode verurteilt, die sie nie begangen hatte. Sie hat weder gestohlen noch geraubt noch betrogen und schon gar nicht gemordet. Den Richtern, die das Urteil fällten, war dies bewusst. Darum trifft die von den Rechtshistorikern Schlözer und Heer verwendete Bezeichnung zu. Anna Göldi wurde ein völlig unschuldiges Opfer eines staatlich angeordneten Mordes – eines Justizmordes.

Was uns heute unverständlich erscheint und betroffen macht, gehörte Jahrhunderte lang zur Normalität bei Hexenprozessen. Tausende Menschen wurden Opfer des Wahns und kamen auf dem Scheiterhaufen ums Leben. Sie trugen keine Schuld und wurden dennoch hingerichtet – nicht weil sie ein reales Delikt begangen hatten, sondern aufgrund des blossen Verdachts, mit dem Teufel, dem schlimmsten Feind der Menschheit, in Verbindung zu stehen.

Das wirkte sich auf das weibliche Geschlecht verhängnisvoll aus. Da man sich Satan als männlich vorstellte, galten Frauen als seine natürlichen Verbündeten; Hexerei und Zauberei wurden als «typisch weibliche Delikte» angesehen. Diese Tendenz verstärkte sich noch im 18. Jahrhundert. Hexenprozesse waren Teufelsprozesse, denen fast ausschliesslich Frauen zum Opfer fielen. Im Endeffekt waren es Morde, die von staatlichen Gerichten an Frauen begangen wurden: Frauenmorde, Femizide.

Das Ausmass belegen aktuelle Forschungen in der Schweiz mit konkreten Zahlen. Wie der Grundlagenpublikation *Schweizerische Rechtsgeschichte* des Freiburger Rechtshistorikers René Pahud de Mortanges von 2017 zu entnehmen ist, liegt der Anteil der von Hexenverfolgungen betroffenen Frauen bei rund 95 Prozent, also deutlich höher als bisher angenommen. Zwar gibt es erhebliche regionale Unterschiede, doch auch in den Hochburgen der Innerschweizer Hexenverfolgung – in Zug, Luzern und Sursee – liegt der Frauenanteil bei rund 95 Prozent. Zum gleichen Ergebnis kommt der renommierte Zürcher Historiker und Publizist Otto Sigg, der in den vergangenen Jahrzehnten die Hexenverfolgung in der Schweiz, insbesondere in Zürich und in der Grafschaft Baden, akribisch untersucht hat. Laut Sigg mögen Hexenprozesse gegen Männer in anderen Ländern wie Deutschland häufiger vorgekommen sein, dort dienten sie auch zur Eliminierung politischer Gegner. Was die von ihm erforschten Gebiete der Deutschschweiz anbelangt, zieht der Historiker jedoch das Fazit: Hinrichtungen von «Hexen» waren fast ausnahmslos Frauenmorde.

Das alles sind selbstverständlich Betrachtungen aus heutiger Sicht. Begriffe wie «Justizmord» oder «Frauenmord» kannten die früheren Hexenjäger und -theoretiker nicht. Sie begründeten die Hinrichtung von Menschen wegen Hexerei und Zauberei mit der besonderen Gefährlichkeit der gegen Gott gerichteten Tat. Diese galt als «Crimen exceptum et atrocissimum», als das abscheulichste aller Verbrechen, als Sonderverbrechen.

Nach dieser Logik musste der Staat zur Rettung des Christentums zum äussersten Mittel, zu Gewalt, greifen. Konkret hiess das: Die Prozessregeln des ordentlichen Rechts und jegliche Schutzbestimmungen für Angeklagte wurden ausser Kraft gesetzt. Zum Zug kam Sonder- oder Notrecht. Damit waren die Richter legitimiert, ja sogar aufgefordert, Menschen zu verfolgen, zu foltern und zu töten.

Schluss — Die ungebrochene Aktualität des Göldi-Falles

Kapitel 29 — Rehabilitierung von Anna Göldi und neue Verharmlosung des Hexenwahns

Anna Göldi ging als «letzte Hexe» in die Geschichte ein. 226 Jahre nach ihrem Tod wurde sie rehabilitiert und für unschuldig erklärt. Das glarnerische Kantonsparlament fasste diesen denkwürdigen Beschluss im August 2008.

Es war die erste demokratisch beschlossene Rehabilitierung einer sogenannten Hexe. Und es sollte ein Akt der moralischen Wiedergutmachung für die Frau sein, die Opfer eines Justizmordes geworden war. So jedenfalls begründete es die Regierung. Damit könne Anna Göldi zwar nicht lebendig gemacht, aber immerhin ihre Ehre wiederhergestellt werden.

Die Rehabilitierung von Anna Göldi – im Kanton Glarus heftig umstritten – löste schon im Vorfeld ein gewaltiges Echo aus. Französische, britische und russische Fernsehteams berichteten am Schauplatz des letzten Hexenprozesses in Europa über das aktuelle Geschehen. Die Nachricht von der Rehabilitierung Anna Göldis ging um die Welt. «Swiss Canton exonerates a woman executed as a witch», titelten zum Beispiel die *New York Times.* Etwas nüchterner kommentierte der Zürcher *Tages-Anzeiger:* «Gerechtigkeit für Anna Göldi – 226 Jahre zu spät.»

Dabei hatte die Rehabilitierung der «letzten Hexe» ganz im Stillen begonnen. Der Autor dieses Buches ersuchte den Regierungsrat und die evangelische Landeskirche in einem Schreiben vom Januar 2007, Anna Göldi von Schuld freizusprechen. Dies wäre ein symbolischer Akt zum 225-Jahr-Gedenken an die Hinrichtung von Anna Göldi, das im Juni 2007 feierlich begangen werden sollte. Die entsprechende Erklärung sollte am Ende seines Buches *Der Justizmord an Anna Göldi* stehen, das ebenfalls im Gedenkjahr erschien.

Doch sowohl der Regierungsrat des Kantons Glarus als auch die evangelisch-protestantische Landeskirche lehnten das Gesuch ab. Die Schuld an diesem Todesurteil sei nicht wiedergutzumachen, wurde begründet, Schuldige gebe es keine mehr, nicht einmal eine direkte Nachfolgebehörde des urteilenden Gremiums.

Die Angelegenheit schien abgehakt, als es am 8. Juni 2007 zu einer überraschenden Wende kam. Der damalige FDP-Ständerat Fritz Schiesser reichte beim Kantonsparlament, dem Glarner Landrat, eine Motion zur Rehabilitierung von Anna Göldi ein, unterstützt von Mitunterzeichnenden aus allen im Parlament vertretenen Parteien. Gerade weil die nachfolgenden Generationen keine Schuld treffe, erhärtete Schiesser den Vorstoss, könnten sich die Glarnerinnen und Glarner zu ihrer historischen Verantwortung bekennen. Wiederum stiess das Anliegen auf den Widerstand der Behörden. Damit wurde die Rehabilitierung von Anna Göldi definitiv zu einem Politikum, das hitzige Diskussionen entfachte.

Am 7. November 2007, ein halbes Jahr nach dem Gedenktag, folgte die mit grosser Spannung erwartete und von enormem Medieninteresse begleitete Debatte im Glarner Landrat. Mit 37 zu 29 Stimmen wurde die vom Regierungsrat zur Ablehnung empfohlene Motion überwiesen – deutlich zwar, allerdings gegen eine starke Minderheit.

Damit war der Weg frei für die Rehabilitierung von Anna Göldi, die am 27. August 2008 formell besiegelt wurde. Regierung und Landrat des Kantons Glarus sowie beide Landeskirchen erklärten übereinstimmend, dass Anna Göldi «Opfer eines Justizmordes» und 1782 unschuldig zum Tode verurteilt worden sei.

Der demokratische Beschluss war mehr als eine blosse Formalität. Er hat aus heutiger Sicht einen starken symbolischen Charakter, der weit über die damalige politische Aktualität hinausreicht. Er erinnert nicht nur an den letzten Hexenprozess gegen Anna Göldi, sondern auch an die Überwindung des dreihundertjährigen Hexenwahns, dem zehntausende Menschen zum Opfer fielen, vorwiegend Frauen.

Nach heutiger Betrachtung waren das – vergleichbar mit Mord, Rassendiskriminierung oder Sklaverei – Verbrechen gegen die Menschlichkeit. Sie wurden nicht im Kampf gegen einen äusseren Feind begangen, sondern an der eigenen Bevölkerung, an völlig unbescholtenen Menschen.

Und es waren Verbrechen, die schon 1631 der Jesuitenpater Friedrich Spee (1591–1635) in seiner Kampfschrift *Cautio Criminalis* beim Namen genannt hatte: Als einer der Ersten griff er die Hexenverfolgung auch mit juristischen Argumenten an und qualifizierte sie als Tötung. Er sprach von einer beispiellosen Folter- und Mordorgie an unschuldigen Frauen und Mädchen.

Spee richtete seine massive Justizkritik gegen die damaligen Machtträger, Staat und Kirche. Die weltlichen Behörden hatten die Staatsgewalt fest in ihren Händen, die Kirche war unangefochtene oberste religiöse und moralische Autorität. Gegen Hexen und Teufel zogen sie gemeinsam in den Kampf: mit Schwert und Bibel.

Im christlichen Europa, so würde man meinen, müsste der Hexenwahn noch heute Abscheu und Empörung hervorrufen. Doch rund 240 Jahre nach dem letzten Hexenprozess in Mitteleuropa schlägt das Pendel zurück. Es liegt im Trend, die damaligen Willkürexzesse herunterzuspielen, zu verharmlosen und die einschlägigen Machtträger – Kirche und Staat – zu entlasten.

Natürlich sollte man sich vor generellen Schuldzuweisungen hüten, eine differenzierte Betrachtung ist angebracht: Der streng hierarchisch aufgebaute Obrigkeitsstaat der Neuzeit ist mit dem heutigen demokratischen und liberalen Verfassungsstaat nicht vergleichbar. Zudem ist zu berücksichtigen: Es gab einen starken innerkirchlichen Widerstand gegen Unrecht und Willkür, Spee war längst nicht der einzige prominente Oppositionelle. Zu erinnern ist etwa an den österreichischen Theologen Ferdinand Sterzinger (1721 bis 1786), der in seinen Schriften noch am Ende des 18. Jahrhunderts den wiedererwachten Hexen- und Teufelswahn anprangerte.

Doch heute scheinen vor allem konservativ-katholische Kreise in Deutschland das Rad der Zeit wieder zurückdrehen zu wollen. Sie versuchen krampfhaft, die blutige Vergangenheit der Kirche zu «relativieren» und ins «rechte Licht» zu rücken. Ihr bevorzugtes Aktionsfeld sind Internetplattformen wie Cathwalk, Kathpedia oder Kathnet. Dort decken die Autoren angeblich «die grössten Irrtümer» im Zusammenhang mit der Hexenverfolgung auf. So habe diese deutlich weniger Opfer gefordert als bisher angenommen, und sie sei nicht gegen die Frauen gerichtet gewesen. Zudem habe die Kirche sie nie anerkannt, im Gegenteil sogar abgelehnt.

Der gegenwärtige Exkulpationskurs beschränkt sich längst nicht nur auf erzkatholische Kreise, sondern beeinflusst auch die allgemeine Geschichtsschreibung, wie prominente Beispiele zeigen. Der *Hexenhammer* wird dabei ausdrücklich nicht als christliches und kirchliches Werk dargestellt, sondern als Elaborat eines Einzeltäters, des päpstlichen Inquisitors Heinrich Kramer (1430–1505), alias Institoris.

Tatsache aber ist: In den ursprünglichen Ausgaben wurde als Mitautor des *Hexenhammers* der angesehene Theologe Jakob Sprenger (1435–1495) genannt, dem Buch beigefügt waren zudem die Approbation von acht Kölner Theologen sowie die päpstliche Bulle. Das wird nach heutiger Lehrmeinung der Perfidie des «Hexenjägers» Heinrich Kramer zugeschrieben. Er soll Dokumente gefälscht und sowohl Jakob Sprenger als auch die Kölner Theologen und sogar den Papst getäuscht haben, als er 1486 den *Hexenhammer* und dauerhaften Weltbestseller veröffentlichte.

Kann das wirklich sein? Eine derartige Darstellung wirft die schwer zu beantwortende Frage auf, wie man sich die jahrhundertelange Erfolgsgeschichte des Handbuches zur Hexenverfolgung ohne Zustimmung und Autorisation der omnipräsenten mächtigen Kirche zu erklären hat.

Bereits kommen neue gewagte Thesen ins Spiel. Sie werden immer unverhüllter formuliert und zugleich in angesehenen Publikationen vertreten. Gemäss einer solchen Denkrichtung hat das Volk Hexenprozesse gefordert und die Obrigkeit sich «dem Druck von unten beugen» müssen.

Dieser Behauptung ist entschieden entgegenzutreten. Zweifellos war Denunziation in der Bevölkerung verbreitet und befeuerte die Hexenverfolgung. Dennoch ist es abwegig, die Verantwortung für den Hexenwahn auf die unterste Stufe der sozialen Rangordnung abzuwälzen und dem Volk anzulasten, das darunter während Jahrhunderten entsetzlich zu leiden hatte. Es sei also nochmals eindeutig festgehalten:

Hexenjustiz war nicht Volks-, sondern Obrigkeits- und staatliche Willkürjustiz.

Die These von der Einzeltäterschaft des *Hexenhammer*-Autors ist ebenso realitätsfremd wie jene der vom Volk gewollten Hexenverfolgung – beide blenden die Machtfülle der Kirche im Obrigkeitsstaat der Neuzeit aus: Sie war unangefochtene religiöse und moralische Ordnungsmacht, und das gilt wohlgemerkt für die katholische wie auch die protestantische Kirche. Beide stehen in der Verantwortung, treibende Kraft bei der systematischen Verfolgung und Tötung unschuldiger Menschen gewesen zu sein.

Umso seltsamer mutet es an, dass die Willkür rund um Hexenprozesse zunehmend relativiert wird. Die Meinung ist verbreitet, die damaligen Machtträger Staat und Kirche hätten kein Unrecht begangen, sondern nur damaliges Recht angewendet. Bedeutsame Informationskanäle schlagen in die gleiche Kerbe und sprechen im Zusammenhang mit dem Fall Göldi von der «letzten legalen Hexenhinrichtung». Genau diese Formulierung läuft aber einmal mehr auf eine unkritische Verharmlosung hinaus. Sie suggeriert, Anna Göldi habe sich nach damaligem Recht schuldig gemacht und sei formell korrekt zum Tod verurteilt worden.

Die vom Kanton Glarus im Jahr 2008 beschlossene Rehabilitierung von Anna Göldi stellt sich fundiert gegen solche Verharmlosungstendenzen. Sie setzt ein deutliches Zeichen gegen das Verdrängen, Verharmlosen und Vergessen eines der schlimmsten Verbrechen gegen die Menschlichkeit. Und sie gibt diesem das Gewicht, das ihm zusteht – das glaubt auch Karin Fuchs, Professorin für Geschichtsdidaktik, die den Fall als «exemplarisch» bezeichnet und im Hinblick auf seine Vermittlung in einen aktuellen Zusammenhang stellt. Früher sei

Anna Göldi die «letzte Hexe» und Übeltäterin gewesen, heute sei sie ein starkes Symbol für unzählige Opfer der Hexenverfolgung. Dass die Frau heute nicht mehr als Täterin, sondern als Opfer wahrgenommen werde, bedeute einen «Riesenschritt, der mit grossen Widerständen verbunden war», so Fuchs. Genau darum sei der Fall Göldi viel mehr als nur die Geschichte des letzten Hexenprozesses. Er könne als Lehrstück für ein Geschichtsverständnis verstanden und vermittelt werden, das sich aktuellen Fragen stellt, sich wandelt und um Recht und Gerechtigkeit ringt bis zur heutigen Zeit.

Ausgelöst wurde die Rehabilitierung, wie erwähnt, durch das 225-Jahr-Gedenken an die Hinrichtung von Anna Göldi. Das historische Ereignis wäre glatt vergessen worden, wenn nicht die 2007 kurz zuvor gegründete Anna-Göldi-Stiftung die Initiative ergriffen hätte. Die Jahrfeier vom 13. Juni 2007 hatte privaten Charakter und fand ohne Mitwirkung der kirchlichen und staatlichen Behörden statt. Dennoch entfachte der Anlass heftige öffentliche Auseinandersetzungen und gab der Rehabilitierung politisch Auftrieb.

Inzwischen haben sich die Wogen geglättet. Anna-Göldi-Stiftung, Kanton und Gemeinde Glarus pflegen eine partnerschaftliche Beziehung, sie haben in den vergangenen Jahren viel bewegt und eine lebendige Erinnerungskultur hervorgebracht. Man begnügt sich dabei nicht mit einer historischen Rückschau auf die Ereignisse von 1782, sondern greift auch kontroverse Fragen der Gegenwart auf und setzt klare Zeichen für Menschenwürde und Rechtsstaatlichkeit in der heutigen Zeit.

Dies unterstreichen – kurz zusammengefasst – die vielfältigen Aktivitäten der Anna-Göldi-Stiftung. Sie verleiht alle zwei Jahre den Anna-Göldi-Menschenrechtspreis und ehrt

Persönlichkeiten, die sich heute für Menschenrechte einsetzen oder von Justiz- und Behördenwillkür betroffen sind. Sie führte 2010 ein vielbeachtetes Freilichttheater auf und weihte 2014 am Gerichtshaus des Kantonshauptortes zum Gedenken an Opfer von Machtmissbrauch ein Licht-Mahnmal ein. Im Weiteren entfaltet die Stiftung eine intensive und erfolgreiche Forschungstätigkeit. Sie betreibt seit 2017 in Glarus-Ennenda das Anna Göldi Museum, das heute zu den bedeutendsten kulturellen Sehenswürdigkeiten der Region gehört und als Publikumsmagnet jährlich Tausende Menschen aus der ganzen Schweiz und dem Ausland anzieht.

Sogenannte Hexen sind in jüngerer Zeit in verschiedenen Ländern rehabilitiert worden. Kirchliche und staatliche Institutionen und Gemeinden organisieren weltweit Gedenkveranstaltungen und errichten Mahnmale zur Erinnerung an das dunkle Kapitel der Hexenverfolgung, zum Beispiel das berühmte «Witch Trial Memorial» im US-amerikanischen Salem, das an zwanzig Todesopfer der Hexenprozesse von 1692 erinnert. In der Schweiz gibt es Gedenkstätten etwa in Basel, Freiburg, Sursee und eine weitere ist in Zürich geplant.

Als Ausdruck der moralischen Wiedergutmachung weihten Kanton und Stadt Basel im Jahr 2019 eine Gedenktafel ein und erinnerten an die Opfer, die beim «Käppelijoch» unterhalb der mittleren Rheinbrücke ertränkt worden waren. Die Theologin Maja Adler betonte an der Einweihungsfeier, dass Aussenseiterinnen, Frauen am Rande der Gesellschaft, zu «Hexen» gestempelt und ermordet wurden. Es gelte heute, sagte die Vertreterin des Vereins Frauenstadtrundgang Basel, daraus Lehren zu ziehen. Hexenverfolgung sei ein mahnendes Beispiel dafür, dass wir Menschen nicht vorverurteilen und ausgrenzen dürfen.

Das alles macht Sinn. Denn es wäre ein fataler Irrtum zu glauben, Hexen- und Teufelswahn gehe uns heute nichts mehr an und sei ein abgeschlossenes Kapitel aus ferner Vergangenheit. Im Gegenteil droht er von Neuem aufzuflammen. Weltweit nimmt die Zahl der Hexenprozesse zu, in Südostasien und in Afrika werden Frauen wegen Hexerei verfolgt und getötet. Immer mehr Staaten erliegen der Macht der Willkür, verletzen fundamentale Menschenrechte und wenden die schlimmsten Arten der Folter an. Der heutige Papst hat sich zwar für das Unrecht der Kirche entschuldigt und gilt als Hoffnungsträger der Armen. Was jedoch Angst macht: Er unterstützt Teufelsaustreibung und verstärkt den Kampf gegen den nach seiner Überzeugung «schlimmsten Feind der christlichen Menschheit»: Satan.

Anhang
Quellen und Literatur

Quellen

Anna Göldi Museum: Heinrich Ludwig Lehmann, Stammbuch (Ara Fautoribus Amicisque) mit originalen Widmungen und persönlichen Anmerkungen, 1773–1817 (das Original gelangte durch Schenkung der Familie Lehmann in Zweibrücken im Jahr 2020 in den Besitz der Anna-Göldi-Stiftung in Glarus-Ennenda); Transkription (von Bernadette Oertig u. a.) der Prozessprotokolle

Landesarchiv Glarus: Altes Evangelisches Archiv, Prozess Anna Göldi, Kriminalfälle 1782–1783 AE 15.1781: 6; Evangelisches Landsgemeinde Protokoll AG I 92 L; Evangelisches Ratsprotokoll AG I 145 L; vermischtes 5er Gerichts Protokoll AG II 40

Lehmann Harald, Prof., Zweibrücken: diverse Korrespondenzen und Veröffentlichungen von Heinrich Ludewig Lehmann

Staatsarchiv St. Gallen: Kirchenbücher von Sennwald, Mikrofilm Nr. 939 182 und 939 184; Kirchenbücher von Sax, Mikrofilm Nr. 939 170

Staatsarchiv Zürich: Missiven B IV 485 1782; Ratsmanuale B II 1781 bis 1784; Ratsmanual B II 936 von 1767; A 247.10; Eidgenössisches, 1761–1796, Glarus; Zensur-Protokolle 1737–1798; Zensur-Manuale 1771–1783; Chronik der Familie Irminger, Db J 50

Erwähnte Zeitschriftenartikel

Historischer Bericht von dem Hexen-Prozess in Glarus im Jahr 1872. Oder wahrhafte Erzehlung von dem Verbrechen, der Gefangennehmung, Befragung und endlichen Verurtheilung einer rachgierigen Weibsperson in Glarus, wegen ihrer Merkwürdigkeit kurz zusammengefasst und in Druck gegeben. Basel 1783 (7 Seiten)

Altona, vom 4. Januar. In: Reichs Post-Reuter, Nr. 3. Altona 1783, S. 2–3

Erlanger Real-Zeitung, Nr. 4. Nürnberg und Erlang 1783, S. 31–32

Malefizprozess – ein Urtheil über die zum Schwert verurtheilte Anna Göldin aus dem Senwald. Verurtheilt den 6/17 Juni 1782. In: Kirchenbote für Religionsfreunde aller Kirchen, Viertes Stück. Dessau und Leipzig 1782, S. 469–471

Nachrichten von dem neuesten Hexenprocesse in Glarus. In: Berlinische Monatsschrift, Erster Band, Januar bis Junius. Berlin 1783, S. 476–487

Ulm – Freundschaftliche und vertrauliche Briefe, erstes Heft. In: Strasburgische Gelehrte Nachrichten. Strassburg 1783, S. 482–493

Van den Neder-Rhyn. In: Harleemse Courant, No. 6., van den 15 January. Te Haarlem: Joh. Enschede en Zoonen, Stads-Drukkers 1873, S. 1

Schlözer August Lienhard: Abermaliger Justizmord in der Schweiz. In: Stats-Anzeigen, Zweiter Band, Heft VII, 31. Januar. Göttingen 1782–1783, S. 273–277

Wekhrlin Wilhelm Ludwig: Hexenprocess in Glarus. In: Chronologen, Ein periodisches Werk, Zehnter Band, Frankfurt und Leipzig: Fellseckerische Buchhandlung 1782, S. 213–224

Zopfi Hans: Vom Kubli-Haus in Quinten am Walensee. In: Glarner Nachrichten, 25. August 1956

Zürich. In: Göttingische Anzeigen von gelehrten Sachen unter der königl. Gesellschaft der Wissenschaften, 116 Stück, den 19. Jul. 1873, S. 1153–1162

Steckbrief: 9.2.1782; Fundmeldung: 23.3.1782. In: Zürcher Zeitung. Zürich 1782

Weitere Literatur

Aebi Richard: Geschichte der evangelischen Kirchgemeinden Sennwald-Lienz, Sax-Frümsen und Salez-Haag. Buchs 1963

Afsprung Johann Michael: Reise durch einige Cantone der Eidgenossenschaft. Neunter Brief, Leipzig 1784, S. 171–178

Annäherungen an Anna Göldi – Jahrbuch des Historischen Vereins des Kantons Glarus (JHVG), Nr. 99/2019

Bart Philippe: Hexenverfolgungen in der Innerschweiz 1670–1754. In: Der Geschichtsfreund. Band 158, Zug 2005

Bartel Otto und Jenny Adolf: Glarner Geschichte in Daten. 3 Bände, Glarus 1926–1937

Baumgartner Gallus Jakob: Geschichte des schweizerischen Freistaates und Kantons St. Gallen. 3 Bände, Zürich 1868 / Einsiedeln 1890

Behringer Wolfgang: Zur Geschichte der Hexenforschung. In: Harald Siebenmorgen (Hg.): Hexen und Hexenverfolgung im deutschen Südwesten. Volkskundliche Veröffentlichungen des Badischen Landesmuseums Karlsruhe. 2 Bände, Karlsruhe 1994

Behringer Wolfgang: Der «Bayerische Hexenkrieg» – Die Debatte am Ende der Hexenprozesse in Deutschland. München 1987

Behringer Wolfgang: Hexen und Hexenprozesse in Deutschland. München 2000

Behringer Wolfgang / Lorenz Sönke / Bauer Dieter R. (Hg.): Späte Hexenprozesse – Der Umgang der Aufklärung mit dem Irrationalen. Bielefeld 2016

Benaroyo Lazare: «L'Avis au peuple sur sa santé» de Samuel-Auguste Tissot (1728–1797) – La voie vers une médecine éclairée. Dissertation, Basel 1988

Bettlé Nicole J.: Wenn Saturn seine Kinder frisst. Bern 2013

Blauert Andreas: Frühe Hexenverfolgungen – Ketzer-, Zauberei- und Hexenprozesse des 15. Jahrhunderts. Rothenburger Gespräche zur Strafrechtsgeschichte. Band 7, Giessen 2020

Blumer Johann Jakob: Staats- und Rechtsgeschichte der schweizerischen Demokratien. 2 Bände, St. Gallen 1858

Braunschweig Max: Schicksale vor den Schranken – Berühmte Schweizer Kriminalprozesse aus vier Jahrhunderten. Rapperswil 1943

Britt Veronika: Der Fall Anna Göldi und die Frage, ob man heute eine früher verurteilte «Hexe» rehabilitieren sollte. Bachelorarbeit bei Prof. Dr. iur. Marc Bors, Universitäre Fernstudien Schweiz, Brig 2017

Burghartz Susanna: Hexenverfolgung als Frauenverfolgung? In: Claudia Opitz (Hg.): Frauen, Kultur, Geschichte – Der Hexenstreit, Frauen in der frühneuzeitlichen Hexenverfolgung. Freiburg / Brsg. 1995, S. 147–173

Caflisch Claudia: Der Anna-Göldi-Prozess in Glarus. Manuskript, Zürich 1978

Chollet Mona: Hexen – Die unbesiegbare Macht der Frauen. Hamburg 2020

Davatz Jürg: Glarner Heimatbuch – Geschichte. Glarus 1980

Diethelm Arnold: Die letzte Hexe – Dramatisches Kulturbild aus dem vorigen Jahrhundert. Trauerspiel in fünf Akten, Lachen 1892

Dorn-Haag Verena J.: Hexerei und Magie im Strafrecht – Studien und Beiträge zum Strafrecht. Tübingen 2016

Fäh Hans: Johann Melchior Kubli (1750–1835) – Der Glarner Landschreiber, der nach Quinten zog und St. Galler Regierungsrat wurde. In: Terra Plana. Mels 2000, S. 8–10

Freuler Kaspar: Anna Göldi – Die Geschichte der letzten Hexe in der Schweiz. Zürich 1945

Freuler Kaspar: Anna Göldi. Theaterstück, Elgg 1948

Gassner Johann Joseph: Weise fromm und gesund zu leben oder nützlicher Unterricht wider den Teufel zu streiten. Kempten 1774/1775

Gallati Frieda: Gilg Tschudi und die ältere Geschichte des Landes Glarus. Glarus 1938

Gehring Jacob: Das Glarnerland in den Reiseberichten des 17. bis 19. Jahrhunderts. Glarus 1943

Giger Hubert: Die Hexe von Dentervals. Historischer Roman, Biel 2016

Glaus Beat: Der Kanton Linth der Helvetik. Schwyz 2005

Gschwend Lukas / Winiger Marc: Die Abschaffung der Folter in der Schweiz. Zürich 2008

Hasler Eveline: Anna Göldin – Letzte Hexe. Zürich / Köln 1982

Heer Gottfried: Das altglarnerische Recht 1683–1798. In: Jahrbuch des Historischen Vereins des Kantons Glarus (JHVG), Nr. 42/1922

Heer Joachim: Der Kriminalprozess der Anna Göldi von Sennwald (1781–1782). In: Jahrbuch des Historischen Vereins des Kantons Glarus (JHVG), Nr. 1/1865

Heer Oswald / Blumer Johann Jakob: Historisch-geographisch-statistisches Gemälde der Schweiz – Der Kanton Glarus. Band 7, St. Gallen und Bern 1846

Hefti Joachim: Geschichte des Kantons Glarus von 1770 bis 1798 mit Ausschluss der Untertanengebiete. Glarus 1914

Honegger Claudia: Die Hexen der Neuzeit – Studien zur Sozialgeschichte eines kulturellen Denkungsmusters. Berlin 2015

Jäggi Stefan: Luzerner Verfahren wegen Zauberei und Hexerei bis zur Mitte des 16. Jahrhunderts. Abgedruckt in: Hexen, Herren und Richter – Die Verfolgung von Hexern und Hexen auf dem Gebiet der heutigen Schweiz am Ende des Mittelalters. In: Schweizerische Zeitschrift für Geschichte, Nr. 52/2002, S. 143–150

Kemmerich Hetty: Sagt, was ich gestehen soll!: Hexenprozesse – Entstehung, Schicksale, Chronik. 2003

Kneubühler Hans-Peter: Die Überwindung von Hexenwahn und Hexenprozess. Dissertation, Diessenhofen 1977

Korrodi-Aebli Elisabeth: Auf den Spuren der «letzten Hexe» Anna Göldi – Der Fall – Die Presseberichte, Darstellung des Göldi-Handels und seiner publizistischen Verarbeitung im 18. Jahrhundert. Lizentiatsarbeit, Zürich 1996

Kubli Caspar: Eine Selbstbiographie. Glarus 1891

Kubli-Müller J. J.: Die Landammänner von Glarus. In: Jahrbuch des Historischen Vereins des Kantons Glarus (JHVG), Nr. 46/47, 1932/1934

Kubli Susanne: Das Land Glarus während der Helvetik 1798 bis 1803. In: Davatz Jürg (Hg.): Glarus und die Schweiz – Streiflichter auf wechselseitige Beziehungen. Glarus 1991

Landolt Hardy: Der letzte Hexenprozess der Schweiz. Seminararbeit, 1987 (Landesbibliothek Glarus)

Lattmann Christopher: Jean Bodin – Der Teufel, die Hexe und der Rechtsgelehrte, Crimen magiae und Hexenprozess in Jean Bodins «De la Démonomanie des Sorciers». Studien zur europäischen Rechtsgeschichte. Band 318, Frankfurt am Main 2019

Laupper Hans: Betrachtungen über die Entwicklung des Zivilstandswesens im Kanton Glarus. In: Jahrbuch des Historischen Vereins des Kantons Glarus (JHVG), Nr. 69/1982

Lehmann Harald: Geschichte der Familie Lehmann aus Halle a. d. Saale. Zweibrücken 2017

Lehmann Harald / Silvio Margadant: Geschichte der Familie Lehmann aus Halle a. d. Saale. Band 2, Die Stammbücher von Heinrich Ludwig Lehmann (1754–1828), Textedition mit biographischen Anmerkungen, Zweibrücken 2018

Lehmann Harald: Geschichte der Familie Lehmann aus Halle a. d. Saale. Band 3, Chronologen (1782), Hexenhandel zu Glarus (1783), Über die Schweizer und die Schweiz (1799), Zweibrücken 2019

Lehmann Heinrich Ludewig: Freundschaftliche und vertrauliche Briefe den so genannten sehr berüchtigten Hexenhandel betreffend. 1. Heft, Ulm 1783; 2. Heft, Zürich 1783

Lehmann Heinrich Ludewig: Die sich freywähnenden Schweizer – Ein richtiger Beytrag zur Beurtheilung der von der grossen Nation verübten Gewalttätigkeiten. Zweyter Theil, Leipzig 1799

Lieberherr Nicole: Johann Melchior Kubli – Fürsprecher im Hexenhandel um Anna Göldi. Glarus 2010

Loeffler Karl Valentin Imanuel: Anna Göldi – Zauberei. In: Die Opfer mangelhafter Justiz. Jena 1864

Maihold Harald: Hexerei und Strafjustiz – Ein Blick auf Basel im Spätmittelalter. Zugleich ein Beitrag zur Rehabilitation von Justizopfern. München / Ravensburg 2020

Margadant Silvio / Harald Lehmann: Die Stammbücher von Heinrich Ludewig Lehmann (1754–1828) – Textedition mit biographischen Anmerkungen. In: Jahrbuch der Historischen Gesellschaft von Graubünden, Nr. 137/2007

Meili David: Hexen in Wasterkingen. Basel 1980

Mens Fenja: Hexenjagd – Warum einst Zehntausende auf dem Scheiterhaufen starben. In: National Geographic, Dezember 2006

Mondot Jean: Wilhelm Ludwig Wekhrlin – Ein Publizist zwischen Macht und Markt. In: Rieser Kulturtage. Band 9, 1993, S. 163–178

Monioudis Perikles: Annas Carnifex. Glarus 2010

Müller Albert: Das Strafrecht im alten Lande Glarus seit der Befreiung von 1387 bis zur Helvetik. Dissertation, Freiburg / Näfels 1981

Noll Peter: Vom Justizirrtum zum Justizverbrechen. In: Der Schweizerische Beobachter., Nr. 1/1971, Nr. 2/1971, Nr. 3/1971

Oberholzer Kilian: Uznach in seiner farbigen Vergangenheit. Uznach 2019

Opitz-Belakhal Claudia: Böse Weiber – Wissen und Geschlecht in der Dämonologie der Frühen Neuzeit. Rossdorf bei Darmstadt 2017

Pahud de Mortanges René: Schweizerische Rechtsgeschichte – Ein Grundriss. Zürich / St. Gallen 2017

Petz Wolfgang: Die letzte Hexe – Das Schicksal der Anna Maria Schwägelin. Frankfurt 2007

Rahn Johann Heinrich: Aus einem Brief des Herausgebers an einen Freund. In: Gazette de santé / Gemeinnütziges Medizinisches Magazin. Zürich 1783

Rigendinger Fritz: Das Sarganserland im Spätmittelalter. Dissertation, Zürich / Mels 2005/2006

Rueb Franz: Hexenbrände – Die Schweizergeschichte des Teufelwahns. Zürich 1995

Rueb Franz: Hexenflug und Teufelsritt – Hexenbilder aus vier Jahrhunderten. Zürich 1997

Scherr Johannes: Die Hexe von Glarus. In: Menschliche Tragikomödie. Band 6, Leipzig 1874

Schriber Margrit: Das Lachen der Hexe. Zürich 2006

Schuler Melchior: Geschichte des Landes Glarus. Glarus 1836

Schormann Gerhard: Hexenprozesse in Deutschland. Göttingen 1981

Schweizer Rainer J. / Zelger Ulrich: Der Verfassungsentwurf der Senatoren Heinrich Krauer und Johann Melchior Kubli von 1800 als Meilenstein Schweizerischer Verfassungsgeschichte. In: Das Recht im kulturgeschichtlichen Wandel. Festschrift für Karl Heinz Burmeister zur Emeritierung, St. Gallen 2002

Senn Marcel: Rechtsgeschichte – Ein kulturhistorischer Grundriss. Zürich 2007

Sigg Otto: Hexenprozesse mit Todesurteil – Justizmorde der Zunftstadt Zürich; vom bösen Geist in Stadt und Land Zürich und im aargauischen Kelleramt; Dokumentation zu den 79 mit Todesurteil endenden sogenannten Hexenprozessen im Hoheitsgebiet der Stadt Zürich 1487–1701; auf Grund von Quellen des Staatsarchivs Zürich. Zürich 2013

Sigg Otto: Hexenmorde Zürichs und auf Zürcher Gebiet – Nachträge und Ergänzungen zur Dokumentation 2012. Auch ein Beitrag zum Jubiläum 500 Jahre Zürcher Reformation. 2019

Sigg Otto: Hexenverfolgung der alten Eidgenossen in der Grafschaft Baden. Winterthur 2021

Spälti Heinrich: Geschichte der Stadt Glarus. Glarus 1911

Sprecher Ferdinand: Der letzte Hexenprozess in Graubünden – Zeitschrift für Bündner Geschichte, Landes- und Volkskunde. Nr. 11, Chur 1936

Soldan W. G. / Heppe H.: Geschichte der Hexenprozesse. Stuttgart / Tübingen 1843

Steinfels Marc / Meyer Helmut: Vom Scharfrichteramt ins Zürcher Bürgertum – Die Familie Volmar-Steinfels und der Schweizer Strafvollzug. Zürich 2018

Sterzinger Ferdinand: Academische Rede von dem gemeinen Vorurtheil der wirkenden und thätigen Hexerey. München 1766.

Sterzinger Ferdinand: Betrügende Zauberkunst und träumende Hexerey, oder Vertheidigung der academischen Rede von dem gemeinen Vorurtheil der wirkenden und thätigen Hexerey wider das Urtheil ohne Vorurtheil. München 1767 (online)

Sterzinger Ferdinand: Die aufgedeckten Gaßner'schen Wunderkuren, aus authentischen Urkunden beleuchtet und durch Augenzeugen bewisen. München und Augsburg 1774 / München 1775 (mit dem Katechismus der Geisterlehre ergänzt) (digitalisierte Ausgabe der Universitäts- und Landesbibliothek Düsseldorf, online)

Sterzinger Ferdinand: Beurtheilung der Gaßner'schen Wunderkuren von einem Seelsorger und Eiferer für die katholische Religion. München 1775 (online)

Sterzinger Ferdinand: Geister und Zaubercatechismus. München 1783 (online)

Sterzinger Ferdinand: Bemühungen den Aberglauben zu stürzen. München 1785 (online)

Stettler Bernhard: Tschudi-Vademecum – Annäherungen an Aegidius Tschudi und sein «Chronicon Helveticum». Basel 2001

Stucki Fritz: Die Rechtsquellen des Kantons Glarus. 5 Bände, Aarau 1983–1986

Stucki Fritz: Die «Obrigkeiten» im alten Land Glarus. Glarus 1980

Stucki Fritz: Varia zur Glarner Geschichte. Glarus 1983

Suter Stefan: Guillotine oder Zuchthaus? Zur Abschaffung der Todesstrafe in der Schweiz. Basel 1997

Thürer Georg: Kultur des alten Landes Glarus. Band 20 der Glarner Beiträge zur Geschichte, Sozialpolitik und Wirtschaftskunde, Glarus 1936

Thürer Hans: Geschichte der Gemeinde Mollis. Glarus 1954

Thürer Hans: Kaspar Freuler, Leben und Werk. Glarus 1987

Thürer Paul und Thürer Hans: Geschichte der Gemeinde Netstal. 1922/1962

Tissot Samuel-Auguste: L'onanisme – essai sur les maladies produites par la masturbation. Lausanne 1760

Tissot Samuel-Auguste: Avis au peuple sur sa santé. Lausanne 1761 (Titel der deutschen Ausgabe: Anleitung für das Landvolk in Absicht auf seine Gesundheit oder Gemeinnütziges und sehr bewährtes Haus-Arzney-Buch)

Track Joachim: Zur historischen und theologischen Einschätzung der Hexenverfolgung und den Konsequenzen für die Gegenwart. In: Hexenverfolgung – Eine Stellungnahme aus der Evangelisch-Lutherischen Kirche in Bayern. München 1997, S. 76 ff.

Tschirky Heinrich: Unruhen und Volksaufstände in der Grafschaft Werdenberg. In: Werdenberger Jahrbuch 2005. Buchs 2005, S. 60 ff.

Tschudi Niklaus: Eine Ausschreitung der glarnerischen Demokratie im vorigen Jahrhundert, oder der sogen. Brigadierhandel vom Jahr 1775. In: Jahrbuch des Historischen Vereins des Kantons Glarus (JHVG), Nr. 6/1870

Von Riezler Sigmund: Geschichte der Hexenprozesse in Bayern. Um 1980

Von Tschudy Friedrich: Landammann Suter – Kriminalgeschichte aus Appenzell Innerrhoden. Trogen 1967

Wichser J.: Camerarius Johann Jakob Tschudy, vornehmlich als Geschichtsforscher. In: Jahrbuch des Historischen Vereins des Kantons Glarus (JHVG), Nr. 17/1880

Wimmer Wolf: Zum Gedenken an Anna Göldi – Die letzte Hinrichtung einer «Hexe» in Europa. In: Juristenzeitung. 1982, S. 551–553

Winteler Jakob: Camerarius Johann Jakob Tschudi von Glarus als Basler Theologiestudent 1739/1740. In: Basler Zeitschrift für Geschichte und Altertumskunde. Band 58/59, Basel 1959

Winteler Jakob: Camerarius J. J. Tschudis Briefe an Gottlieb Emanuel von Haller. In: Jahrbuch des Historischen Vereins des Kantons Glarus (JHVG), Nr. 60/1963

Winteler Jakob: Der Anna-Göldi-Prozess im Urteil der Zeitgenossen. Glarus 1951

Winteler Jakob: Geschichte des Landes Glarus. Band 2, Glarus 1954

Winteler Jakob: Geschichte eines ländlichen Hauptortes. Glarus 1961

Winteler Jakob: Die Grafschaft Werdenberg und Herrschaft Wartau unter Glarus, 1517–1898. Dissertation, Zürich / Glarus 1923

Wolf Hans-Jürgen: Geschichte der Hexenprozesse. Schwarze Messen – Kinderhexen – Zeitdokumente – Hexenwahn bis heute. Hamburg 1995

Bildnachweis

S. 25 Johann Caspar Ulinger (1704 bis 1768), «Prospect vom Schloss Forst Eck», zwischen 1720 und 1768, Zeichnung, Zürich, ZB, Graphische Sammlung, STF Ulinger, Johann Caspar, XVII, 26

S. 28 © Ingo Rasp, Chur

S. 43, 52, 90 Landesarchiv des Kantons Glarus, Glarus

S. 61 Johann Gottlieb Friedrich (1743–1809), «Aechte Abbildung des hoch würd Herrn/Johann Joseph Gassner ...», 1767–1781, Radierung nach Andreas Bechdolff, The British Museum, Inv. Nr. Bb, 13.307, Schenkung von Carl Ehrenbert, Baron von Moll, © The Trustees of the British Museum

S. 100, 170 Faksimile, Anna Göldi Museum, Glarus-Ennenda, Fotos: Sasi Subramaniam. Das Originaldokument befindet sich im Landesarchiv des Kantons Glarus.

S. 105 Abgedruckt in: Lehmann Heinrich Ludewig, Zürich 1783

S. 130 oben Johann Heinrich Jenny (1786–1854), Glarus (gegen Norden), Aquarell, Landesarchiv des Kantons Glarus, Glarus

S. 130 unten Guido Varesi, Henkersmuseum, Sissach

S. 137 Karl Lehmann, 1825, Bleistiftzeichnung, Privatbesitz Harald Lehmann, Zweibrücken

S. 138 Abraham Wolfgang Küffner (1760–1817), 1788, Radierung/Punktierstrich nach Alois Scheiglönder, Stadtarchiv Nördlingen, Graphische Sammlung

S. 157–163 Anna Göldi Museum, Glarus-Ennenda, Fotos: Sasi Subramaniam

S. 166 Museum des Landes Glarus, Näfels

Der Autor

Foto Ursi Schnyder-Mahr

Dr. iur. Walter Hauser, geboren 1957 und aufgewachsen im Kanton Glarus. Der Ex-Kantonsrichter war auch journalistisch tätig, u. a. als Redaktor bei der *Sonntagszeitung* sowie beim *SonntagsBlick*. Er ist Gründer und Präsident der Anna-Göldi-Stiftung, die sich gegen Justiz- und Behördenwillkür engagiert und 2017 das Anna Göldi Museum in Glarus eröffnete.

Im Limmat Verlag sind mehrere Sachbücher des Autors lieferbar: *Hoffen auf Aufklärung: Ungelöste Morde in der Schweiz zwischen Verfolgung und Verjährung* (2018), *Stadt in Flammen: Der Brand von Glarus im Jahre 1861* (2011) und *Bitterkeit und Tränen: Szenen der Auswanderung aus dem Tal der Linth und die Ausschaffung des heimatlosen Samuel Fässler nach Amerika* (1995).

Dank

Danken möchte ich Dr. Otto Sigg, dem ehemaligen leitenden Staatsarchivar des Kantons Zürich. Der bekannte Historiker und vorzügliche Kenner des Göldi-Prozesses hat die Anna-Göldi-Stiftung bei ihren Forschungen in den vergangenen Jahren beraten und die Entstehung dieses Buches eng begleitet. Grosse Verdienste kommen Prof. Dr. Harald Lehmann in Zweibrücken, Deutschland, zu. Die jahrelange intensive Forschungszusammenarbeit mit dem Verwandten des seinerzeitigen Enthüllers des Hexenprozesses fand mit der Übergabe des berühmten Stammbuches an die Anna-Göldi-Stiftung im Oktober 2020 ihren vorläufigen Höhepunkt. Grosser Dank gebührt der Familie Lieberherr in Quinten, die mir Einblick in brisante Dokumente von «Whistleblower» Johann Melchior Kubli gewährte. Mehrere Personen haben über Jahre hinweg wertvolle Mitarbeit geleistet. Hervorzuheben sind Bernadette Oertig, Spezialistin für alte Schrift, Alexandra Gächter, Stammbaumforscherin, Dr. Ursula Helg, Kulturwissenschafterin, und Fridolin Elmer, Museumsleiter. Ein spezieller Dank gilt Pierre-André Schmitt für die professionelle Überarbeitung der Texte. Schliesslich danke ich der 2007 gegründeten Anna-Göldi-Stiftung und dem Team des Anna Göldi Museums in Glarus. Ihre Unterstützung ist Basis für die erfolgreiche Forschungstätigkeit, die bis heute ausschliesslich aus privaten Mitteln finanziert wurde.

Anna Göldi Museum

Das 2017 eingeweihte Anna Göldi Museum in Glarus-Ennenda gehört zu den bedeutendsten Sehenswürdigkeiten der Region und gilt schweizweit als Vorbild für eine lebendige Erinnerungskultur. Die multimediale Dauerausstellung im denkmalgeschützten Hänggiturm ist dem Schicksal der 1782 hingerichteten Magd gewidmet und setzt sich auch mit aktuellen Menschenrechtsfragen auseinander. Das Auditorium bildet zudem den stimmungsvollen Rahmen für vielbeachtete Wechselausstellungen, Diskussions- und Informationsveranstaltungen. Besitzerin des Museums ist die 2007 gegründete Anna-Göldi-Stiftung, die das Andenken an das letzte Opfer eines Hexenprozesses in Europa bewahren will und sich gegen Justiz- und Behördenwillkür in der heutigen Zeit engagiert.

www.annagoeldimuseum.ch

Dieses Buch wurde mit finanzieller Unterstützung durch den Förderverein des Limmat Verlags realisiert.

Für einen Druckkostenzuschuss danken Verlag und Autor der Evangelisch-reformierten Landeskirche Kanton Zürich sowie den Förderorganisationen KulturZürichseeLinth und Südkultur.

Im Internet
› Informationen zu Autorinnen und Autoren
› Hinweise auf Veranstaltungen
› Links zu Rezensionen, Podcasts und Fernsehbeiträgen
› Schreiben Sie uns Ihre Meinung zu einem Buch
› Abonnieren Sie unsere Newsletter zu Veranstaltungen und Neuerscheinungen
› Folgen Sie uns

Das *wandelbare Verlagsjahreslogo* auf Seite 1 zeigt Leselampen aller Art, Linoldruck von Laura Jurt, Zürich, laurajurt.ch

Der Limmat Verlag wird vom Bundesamt für Kultur mit einem Strukturbeitrag für die Jahre 2021–2024 unterstützt.

Umschlagbild: Patrick Lo Giudice, Mittelteil des Triptychons *Anna,* 2005, Feuermalerei mit Pigmenten und Transferumdruck in Wachs auf Holz in Eisenrahmen, 180 × 203 cm
Typografie und Umschlaggestaltung: Trix Krebs
Lektorat: Rahel Beyerle
Korrektorat: Andrea Linsmayer
Druck und Bindung: Friedrich Pustet, Regensburg

ISBN 978-3-03926-025-6

www.limmatverlag.ch